QUWEI KEXUE

趣味科学

刘晨◎主编

江西美术出版社
全国百佳出版单位

图书在版编目（CIP）数据

趣味科学 / 刘晨主编 . -- 南昌：江西美术出版社 ,2017.1（2021.11 重印）
（学生课外必读书系）
ISBN 978-7-5480-4904-3

Ⅰ . ①趣… Ⅱ . ①刘… Ⅲ . ①科学知识－少儿读物 Ⅳ . ① Z228.1

中国版本图书馆 CIP 数据核字（2016）第 260734 号

出 品 人：汤 华

责任编辑：刘 芳 廖 静 陈 军 刘霄汉

责任印制：谭 勋

书籍设计：韩 立 潘 松

江西美术出版社邮购部

联系人：熊 妮

电话：0791-86565703

QQ：3281768056

学生课外必读书系

趣味科学　　　刘晨　主编

出版：江西美术出版社

社址：南昌市子安路66号

邮编：330025

电话：0791-86566274

发行：010-58815874

印刷：北京市松源印刷有限公司

版次：2017年1月第1版　　2021年11月第2版

印次：2021年11月第2次印刷

开本：680mm×930mm　　1/16

印张：10

ISBN 978-7-5480-4904-3

定价：29.80元

遥远的星空正在发生什么？"火星人"存在吗？黑洞是怎么回事？沧海桑田，经历着什么样的变化？七大洲都有哪些神奇秘境？动物们都创造了哪些吉尼斯纪录？植物们有什么秘密武器？大大小小的科技发明又怎样改变我们的生活？……科学是人类生存和发展的智慧产物，是揭开自然之谜的一把钥匙，是通向未来世界的桥梁，它的不断进步给世界带来了翻天覆地的变化。

21世纪是一个科学大爆炸的时代，科学处在不断地变化、发展和更新之中，人人都渴望解开自己心中的一个个疑惑，成为一个博学多识的人。但是浩瀚无垠、妙趣横生的知识海洋，怎样才能自由地进入并遨游其中呢？基于此，我们精心编写了这本《趣味科学》，它将为渴望探索世界的读者打开一扇扇奇异的科学之门，奉上一场知识的盛宴，引导其享受知识、走进科学的世界。

本书以"权威、全面、前沿"为编撰宗旨，摒弃刻板教条的方式，对科学知识进行了全面的概括和梳理，兼具知识性和实用性。同时编者紧跟科技发展潮流，选取最新的科学概念和数据，增加了大量最新的科学信息，展示了一个科学的世界，讲述了人类在科学发展中的成就以及最新的科学发现。

本书内容全面，涉猎广泛，自成体系。书中介绍了6个学科的内容，涵盖宇宙、地球、人体、动物、植物、微生物；系统介绍了每个学科的相关内容，形成一个完整的知识体系。同时还有丰富多彩的小链接，对专业知识进行形

象阐释、对主题内容加以拓展延伸，从不同角度辅助阅读，让你全面系统地学习各学科的科学知识。

本书选配了800余幅图，图片丰富、精美，各类风景、动植物、人物照片逼真再现真实场景，让你仿佛身临其境；精细的手绘插图、地图，直观的原理图和详尽的分解图与文字相互支撑，搭建出一座立体的科学博物馆，让抽象的科学知识跃然纸上，可观可触。

这是一本简单而不枯燥，全面而不艰涩的科普读物，绝对会给你一种趣味纷呈的感觉。本书既适合阅读，也具有研究参考价值，还方便读者快速、便捷地查询特定信息。书中不仅娓娓讲述了大千世界中各种见闻及其包含的科学知识，同时还深入浅出地介绍了各个学科领域最前沿、最先进的科研成果。

这样一本可以随时满足你的好奇心、拓展你的思维、激发你的想象力的百科知识书，期待和你共同开启一段别开生面、精彩纷呈的求知之旅，陪你进入一个充满未知、乐趣无穷的知识世界，带给你无尽的知识宝藏和无穷的智慧启迪。

目录
CONTENTS

第二章

可爱的地球

第三章

认识我们的身体

第六章

微生物，大世界

第一章

奇妙的宇宙

一说起宇宙来，我们就会叹气：那么大的世界，我们这么小的脑袋，这么忙碌的学习，什么时候我们才能真正了解它……别急别急，今天，紧跟我们的步伐，跟我们一起去遨游宇宙，揭开宇宙的神秘面纱，近距离地认识一个可爱的、有趣的、意想不到的宇宙。

第一节
这些可爱的大家伙们

宇宙给你的第一印象一定是——大，大到你难以想象、无法言表……因为这不是一头大象、一座山、一个巨人就能相比的。不过，你知道吗？宇宙现在还在长大……

宇宙的第一次自我介绍

嘿，大家好，作为一个"老大"，我可没有吹嘘，这个世界上，我要说自己是老大，谁又能反驳呢！我包容万物，是时间和空间的统称，没有边际，没有尽头，还一直在发展，没有人可以左右我……不要认为我是在吹嘘，下面我会隆重地向大家介绍一下我自己，嘘，专注点儿，仔细看哟！

天体撞击

🔔 姓名

我的名字很有来历，古话说："四方上下曰宇，古往今来曰宙。""宇"是指无边无际的空间，"宙"是指无始无终的时间。小到我们身边的尘埃，大到几亿光年外的星系，宇宙无不包含。

从粒子到宇宙

2

体积

人类似乎不太愿意提及这个话题，特别是女性。不过我却非常喜欢说说我的体积（人类关于此专业的术语应该是宇宙距离）。虽然目前人类想要获得精确的宇宙距离是一件不可能的事情，但是，人类的眼睛所能看到的地方，是可以计算的。人类看得最远的星系距离地球达到460亿光年。当然，这并不是一个精确的数据。因为我还在不停地"长大"——这种"膨胀"的速度甚至超过了光速！

宇宙一直在不停地膨胀

出生

大多数的小朋友都喜欢探讨自己到底是从哪儿来的这个问题，我也喜欢。我很遗憾，因为我不知道谁是我的妈妈——现代物理宇宙学的科学家们大多认为我起源于一场大爆炸。孕育我的是一个密度极大，温度极高，所有物质和能量都浓缩在一起的小体积的物质。当它膨胀到一定程度，就再也承受不住，于是爆炸了，我就这样诞生了！

最初，大爆炸使能量四散，物质只能以中子、质子、电子、光子和中微子等基本粒子形态存在。爆炸之后，我开始不断膨胀，导致温度和密度很快下降。随着温度降低、冷却，逐步形成原子、原子核、分子，并复合成为通常的气体。气体又逐渐凝聚成星云，星云进一步形成各种各样的恒星和星系，最终形成人类现在所看到的宇宙。

5. 星系形成

4. 原子形成

3. 氢核和氧核形成

2. 质子和中子形成

1. 大爆炸发生

6. 今天的宇宙

宇宙的形成过程

🔔 年龄

我已经活太久太久了，我也不知道自己走过了多少年。当今人类通过科学推算和观测认为我的年龄在 136 亿～138 亿年之间。这个不确定的区间是从多个科研项目的研究结果的共识中取得的，其中使用的先进的科研仪器和方法已经能够将这个测量精度提升到相当高的量级。根据 2013 年普朗克卫星所得到的最佳观测结果，宇宙大爆炸距今 138.2 亿年。嘿，小朋友们，现在你们知道了吧？我已经是一位超级爷爷了。

在宇宙中星系只不过是个小圆盘

🔔 未来

未来是个值得深思的问题……小朋友们的未来是可以预料的，而我，现在没有人敢妄下定论。当人类无比敬重的伟大科学家爱因斯坦提出了广义相对论之后，人类觉得终于能够开始探索我的终极命运。但是广义相对论方程式有许多不同的解，每个解都意味着一种不同的终极命运。所以，有的科学家说我会一直膨胀下去；有的科学家说我最终会停止膨胀，逆转为收缩，最终形成与大爆炸相对的一个"大挤压"；还有的科学家说我膨胀到一定程度后就会稳定下来。我也期待知道自己的命运！

哈勃空间望远镜拍摄的宇宙一角

好了，啰啰唆唆介绍了这么久，我相信你们也多多少少地了解了我。我这个"老祖宗"就不再多说了，因为我的子子孙孙正踊跃着想要让小朋友认识它们呢！

小黑洞，大 "怪兽"

张开大口吞噬一切的黑洞

🔔 首先，你得知道——黑洞不是一个洞

黑洞是广义相对论所预言的，在宇宙空间中存在的一种质量相当大的天体。黑洞是由质量足够大的恒星在核聚变反应的燃料耗尽后，发生引力坍缩而形成的。黑洞的质量非常大，因此它的引力场也非常强，以至于任何物质和辐射都无法逃逸，就连传播速度最快的光（电磁波）也逃逸不出来。因为它不能反射光线，故名黑洞。

🔔 其次，你得了解了解人类发现黑洞的历史

人们为了寻找黑洞付出很多努力，成果却不多。20 世纪 70 年代才找到 4 个黑洞候选者，在 90 年代之后又发现 6 对新的 X 射线双星黑洞候选者，2000 年后陆续探测出 7 个。有人估计过去 100 亿年中银河系平均每 100 年有 1 颗超新星爆炸，而每 100 颗爆炸的超新星中会有 1 颗形成黑洞，以此推算，那么银河系应该有 100 万个恒星级黑洞。可是，至 2007 年人类也只找到 17 个黑洞候选者。美国宇航局于 2010 年 11 月 15 日发现一个年仅 30 岁的黑洞，这也是人类科学史上发现的最年轻的黑洞。当然这是唯一一个人类全程见证形成的黑洞，也是超新星爆炸能够形成黑洞的唯一的直接证据。

嘿，你想知道一些黑洞的小秘密吗

黑洞的质量很大，目前发现的小型黑洞质量大多为太阳质量的 10 ～ 20 倍。在绝大部分星系的中心，包括银河系，都存在超大质量黑洞，它们的质量从数百万个太阳大小直到数百亿个太阳大小。

恒星都是由炽热的气体组成的球体，那么由大质量的恒星核聚变反应后形成的黑洞，是不是还是这么热呢？事实恰恰相反，黑洞的温度取决于它的质量大小，质量越大的黑洞温度越低。你不用担心黑洞"霸占"宇宙，黑洞不是永生的，它也会灭亡。

黑洞设计图

黑洞之最

目前发现的宇宙中最小的黑洞仅是太阳质量的 3.8 倍，其直径为 24 千米，仅比纽约曼哈顿岛大一些。当然，体积小不代表年龄小，之前说的在 2010 年才年仅 30 岁的"婴儿黑洞"才是名副其实的小家伙。而和我们离得最近的黑洞，显然不是上面两位，它位于人马星座，和我们相距大约 2.4 万光年之遥。也许有一天，你能上去一探究竟。迄今发现宇宙中最大黑洞的质量是太阳的 170 亿倍，它的质量相当于一个小型星系。这个庞然大物潜伏在距离银河系 2.2 亿光年的英仙座的 NGC1277 星系上。

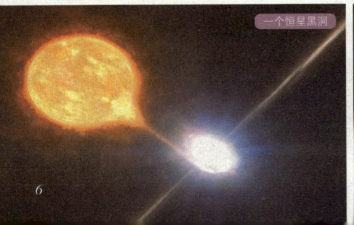
一个恒星黑洞

黑洞底

神秘的星云你不用猜

创生之柱

星云和恒星的关系有点儿复杂

星云是指由尘埃、氢气、氦气和其他电离气体聚集的星际云。请注意，它是一种云雾状的天体。在这方广阔的天地，气体、尘埃等挨挨挤挤聚在一起，聚集了巨大的质量，再吸引更多的质量，最后越来越大，就变成了恒星。要是形成恒星后还有剩余材料，说不定还能形成行星和行星系的其他天体。这可真是了不起啊！而恒星爆炸时，抛出的气体等往往又会形成星云。所以星云和恒星可以说是相互转化，有牵扯不清的"血缘"羁绊。

行星状星云

天空最绚烂多彩的点缀——真正的"明星"

散漫无际的形状，多姿多彩的色彩，梦幻神秘的气息，这就是我们眼中的星云。它们才是真正璀璨夺目的明星。

最初在宇宙中的所有云雾状天体都被称作星云。后来随着天文望远镜的发展，人们的观测水平不断提高，星云被证实是一个独立的天体。实际上，远在没有发明望远镜的时候，人类已经知道星云的存在，玛雅历史文献中记载的与天空中的猎户座有关的神话就预兆着星云的存在——神话提到猎户座周围有熊熊大火。当人类真正开始探索星云时，瞬间就被它的美丽吸引。

星之皇后——鹰星云

鹰星云是位于巨蛇座尾端的一个年轻疏散星团，星团周围的星云形状犹如一只展翅飞翔的雄鹰，因此得名。鹰星云闻名世界和它内部的"创生之柱"有

鹰星云中的创生之柱

很大的关系。创生之柱指的是哈勃空间望远镜拍摄到的在鹰星云内圆柱形的星际气体和尘埃的一张影像。这一部分恒星因为其他恒星在手指状的气体柱上造成的腐蚀，使它们形成了手指之外的蛋型。每一个蛋都被气体环绕着，并且有一颗新生的恒星在其内。

猎户座大星云

▌火鸟星云——猎户座大星云

猎户座大星云是一种反射星云，它现在正在孕育着一颗新恒星，形状犹如一只展开双翅的大鸟。猎户座大星云的亮度相当高，在全天仅次于船底座星云，在晴朗的夜晚，用肉眼就能观看到它。猎户座大星云距太阳系大约为 1500 光年，是银河系内离我们最近的恒星诞生地，包含有数以千计的新生恒星以及孕育恒星的柱状星际尘云，长期以来，一直是天文学家观测的热点地区。

▌运动健将——蟹状星云

蟹状星云是一种超新星爆炸的残骸。当大质量恒星抵达生命的终点时会成为超新星，在恒星爆炸性地向外扩展时，膨胀的气壳就会形成超新星残骸，实际它也是一种特别的弥漫星云。蟹状星云位于金牛座，距离地球大约 6500 光年。

蟹状星云"运动"非常快速。科学家们推测：在 900 多年以前，它或许还只是一颗普通的恒星。蟹状星云这么出名还在于它中心部位的脉冲射电源有可能是迄今为止人类发现的首个具有 4 个磁极的天体构造。

蟹状星云

▌天空有一只复杂的眼睛——猫眼星云

猫眼星云是一个行星状星云，是低质量的恒星转化成白矮星时，从外壳抛出的气体形成的星云。科学家认为，我们的太阳在诞生 120 亿年后就会成为其中的一员。猫眼星云是已知星云中结构最复杂的星云之一。它的中心是一颗明亮、炽热的恒星，约 1000 年前这颗恒星失去了它的外层结构，从而产生了猫眼星云。

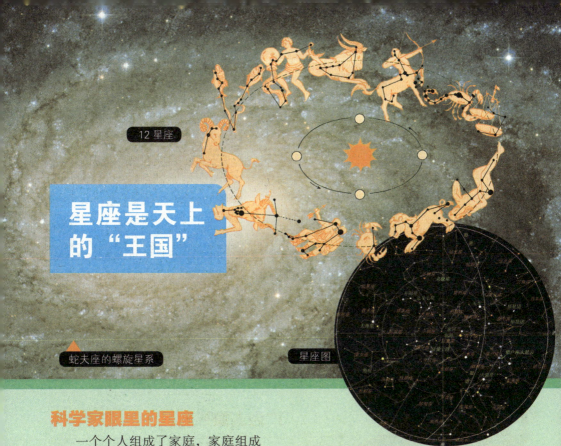

12 星座

星座是天上的"王国"

蛇夫座的螺旋星系

星座图

科学家眼里的星座

一个个人组成了家庭，家庭组成了社会、国家。而在天上，一群群恒星也组成了一个个王国，人们习惯性地称它们为——星座。古代时，人类便把三五成群的恒星与神话中的人物或器具联系起来，称之为"星座"。而在 1930 年，国际天文学联合会决定统一划分星区，将整个星空划分为 88 个星区，称为星座。每个星座都可以从其中较亮的星星的特殊分布辨认出来。比如，北斗七星属于大熊座，北极星属于小熊座，牛郎星属于天鹰座，织女星属于天琴座。

我们眼中的星座

提到"星座"二字，普通人肯定立刻会说："这个我知道，我就是狮子座。"这里所说的星座，实际上是西洋占星学上所说的星座，人们把太阳每年在天球上所行经的路径平均分为 12 个区域，称之为黄道十二宫，也即 12 星座。它以春分点为 0°，自春分点（即黄道 0°）算起，每隔 30° 为一宫，并以当时各宫内所包含的主要星座来命名，依次为白羊、金牛、双子、巨蟹、狮子、室女、天秤、天蝎、人马、摩羯、宝瓶、双鱼。

① 天鹰座

② 天琴座

小熊座

大熊座

室女座图

实际的星座

恒星组成星座是一个随意的过程，在不同的文明中有由不同恒星组成的不同星座。自古以来，人们对恒星的排列和形状很感兴趣，并很自然地把一些位置相近的星联系起来组成星座。国际天文学联合会用精确的边界把天空分为 88 个正式的星座，使天空每一颗恒星都属于某一特定星座。但在宇宙中，这些恒星相互间其实没有什么关系，不过是从地球上看恰好临近。实际上，它们之间可能相距很远。如果我们身处银河中另一星系，我们看到的星空将会完全不同。

猎户座

猎户座 β

广为人知的星座

大熊座拥有全天最著名的星象——北斗七星。

室女座拥有最亮的、离我们最近的超星系团——室女星系团。

狮子座所占据的广阔天区有很多星系。在每年出现的流星群中，狮子座流星群是最显著的流星群之一。

猎户座是天空中最亮、最易辨认的星座。猎户座 β 是一颗超亮的蓝白巨星，亮度相当于 5.5 万颗太阳，在中国被称为参宿七。

追根溯源

　　现代星座常使用的 88 星座里包含 14 个人类形象、9 种鸟类、2 种昆虫、19 种陆地动物、10 种水生物、2 个半人马怪物以及 29 种非生物；头发、巨蛇、龙、飞马、河流各 1（种数之和超过 88 是因为某些星座里不止一个形象）。

四问银河系

银河系，又叫银河、天河、星河、天汉、银汉等，西方人称它为"牛奶大道"。夏天它非常明亮，抬头一看，如同一条银光闪闪的河流流过了天空。虽然我们经常可以看见银河系，不过你真的了解它吗？下面来测试一下吧！

银河系是不是一条河

虽然从非常久远的古代，人们就认识了银河系，但是对银河系的真正认识还是从近代开始的。银河其实不是一条河，它中间厚、边缘薄，整体呈扁平盘状。它的主要部分被称为银盘，呈旋涡状。银盘外面是由稀疏的恒星和星际物质组成的球状体，被称为银晕。19世纪50年代，人们利用电波观测发现，银河系有4条巨型旋臂，分别是矩尺、半人马—盾牌、人马与英仙。但是最新的研究显示，银河系可能只有2条主旋臂。

银河系及其旋臂

银河系真的很大吗

银河系的总质量约是太阳质量的2000亿倍，直径约为8万光年，中央厚约1.2万光年，边缘厚约3000～6000光年。太阳处于主旋臂之间的次旋臂——猎户臂上，距银河系中心约3万光年。

银河系

看到这一串串数据，或许你会觉得银河系实在是太大了，简直太了不起了。但是在宇宙中，银河系绝对是个"小不点儿"，在可看见的宇宙中，星系的总数可能超过1000亿个，银河系只是其中之一；而在最近的研究中，科学家们发现，银河系比以前认为的要轻——它的质量仅是我们"邻居"仙女座星系质量的一半而已。

地球是在银河系吗

银河系里聚集着 1000 多亿颗恒星，这些恒星都被行星环绕着，其中还飘浮着尘埃、气体。而我们的地球只是太阳系的一颗行星，太阳系（包括地球和太阳）在猎户臂靠近内侧边缘的位置上，这个位置恰好是科学家所谓的银河的生命带。太阳系每 2.25 亿～ 2.5 亿年在轨道上绕行一圈，可称为一个银河年，因此以太阳的年龄估算，太阳已经绕行银河 20 ～ 25 次了。

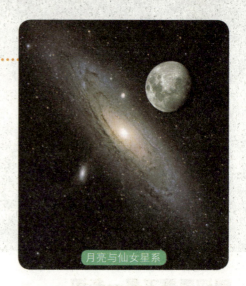
月亮与仙女星系

银河系会消失吗

银河系有一个"孪生妹妹"——仙女星系，由于二者长得很像，一般人不容易分出来。仙女星系距离地球约 220 万光年。现在，仙女星系正以每秒 300 千米的速度朝着"孪生姐姐"不断靠近，在 30 亿～ 40 亿年后可能会撞上银河系，然后，花上数十亿年的时间两大星系合并成椭圆星系。

仙女星系

知识巧记

1. 恒星——想想太阳。
2. 行星——想想地球。
3. 彗星——想想哈雷。
4. 星云——想想猎户座。
5. 卫星——想想月亮。
6. 星座——想想大熊。

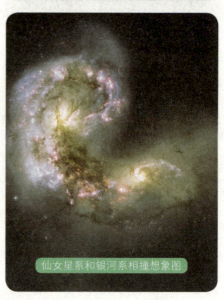
仙女星系和银河系相撞想象图

第二节
去邻居们那儿旅行吧

介绍了宇宙中的那些大家伙们，我们的镜头要开始转移。近一点儿，再近一点儿，好了，我们的目标是——太阳系！让我们来认识一下我们可爱的邻居们吧，来一次欢乐的太阳系大旅行！

需要带个游泳圈去水星吗

听到水星这个名字，你可不要想当然地认为它是水汪汪的。想去水星旅行，可要小心了，相信我，游泳圈是不必带了。你首先要做的是——闭上眼睛，沉入梦想，能带你登上水星的，目前只有你的想象力了……不过，我们也不需要灰心，远距离观赏一下它还是可以的。

🔔 水星长相也很普通

水星是太阳系八大行星中最小的行星，也是离太阳最近的行星。因此它大部分时间会被太阳耀眼的光芒遮盖住，所以人们只能于傍晚或黎明在稍有亮度的低空中才能看到它。当然，要是出现日全食，你也可以一睹它的芳容。

从地球上看，水星就是一颗普通的星星。实际上，水星表面布满了大大小小的坑穴（环形山），坑坑洼洼看起来与月球相似。要是举办星星选美比赛，估计它没有什么希望。不过科学家发现，水星的外表曾经很华丽。研究人员推断，41亿~40亿年前，火山岩浆曾淹没了整个水星，水星曾经是火的世界。这可真让人意外。

水星表面图像

13

🔔 水星上的"神仙"日子

俗话说"天上一日，人间一年"，这是神仙们过的日子，而在水星上，你可以享受比神仙更优渥的时间待遇，因为水星1日，地球时间是2年。这是因为水星是唯一被太阳潮汐锁定的行星。因此，水星"年"非常短，绕太阳公转1周只用88天；但水星"日"却很长，自转1周约59天。地球自转1周就是1昼夜，也就是我们所说的1天，公转1周就是1年；而水星自转3周才是1昼夜，相当于地球上的176天，也相当于水星绕太阳公转2周，即2年。

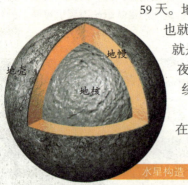

地壳
地幔
地核

水星构造

水星上也没有四季的变化，不过冷暖交替却是存在的，你可得小心了，注意防暑保暖。水星有时像个炽热的大铁球，正午时温度超过440℃；有时又像个极冷的大冰球，夜间很快变冷，温度可下降至-160℃以下。

🔔 水星很"奇葩"

也许我们从上面已经看出，相对于地球，水星绝对是一颗很"奇葩"的星球，但是它的奇葩绝对不仅仅表现在以上方面。它还是个"孤家寡人"，很可能一颗卫星都没有。水星还存在一个奇怪的磁场：北半球磁场几乎是南半球的3倍。

而"信使"号水星探测器发回的一组水星表面照片更是让天文学家大吃一惊：水星上存在一种特殊的蜘蛛状"胎记"，研究人员认为，这可能说明水星在不断收缩。

"信使"号探测器发回的水星合成影像

类地行星的大小比较（由左至右）：水星、金星、地球、火星

14

金星表面

拜访蒙着面纱的金星

在人类肉眼可见的星星中，金星的"美貌"首屈一指，它在夜空中的亮度仅次于月球。金星是地球的"姐妹星"，大小和引力与地球相仿，它的内部结构也与地球类似。那么你是否在窃喜，我们总算能找到一个看似和善点儿的邻居了……不过，我劝你还是不要抱有太多的幻想，我马上就为你揭开金星的神秘面纱。

▌它总是蒙着面纱

金星的表面总是围着一层厚厚的云层，看起来它似乎戴着一层面纱，所以我们很难看清它真实的容貌。金星的云层主要是由二氧化硫和硫酸组成，完全覆盖整个金星表面。这让地球上的观测者难以透过这层屏障来观测金星表面。

金星大气层

金星表面蒙着云层

▌太阳打西边升起

没错，虽然太阳打西边升起在地球上是绝对不可能见到的现象，但是在金星上，就能看到。金星自转缓慢，自转周期是 243 天，是主要行星中自转最慢的，且它的自转方向和多数行星都相反，是自东向西转，所以在地球上看到的是太阳东升西落，而在金星上则是刚好相反了。

15

表里不一的金星

金星，又叫"太白星"，在神话故事中它被塑造得十分美好。这可能是因为我们眼睛所看到的金星是那么璀璨夺目，让人神往。

实际上，金星简直就如同一头凶猛的野兽。金星的大气主要由二氧化碳组成，并含有少量的氮气。二氧化碳的温室效应和浓厚的硫酸云使得金星的地表温度比水星还热，地表温度约480℃，在近赤道的低地，金星的表面极限温度可高达500℃。地表上还有数千座火山，犹如长满了痘疮，岩浆不停地喷涌。这简直就是传说中的地狱，所以想要到金星一游的小朋友们，你们可要考虑好。

金星表面

"姐妹星"这一称呼从何而来

金星结构图

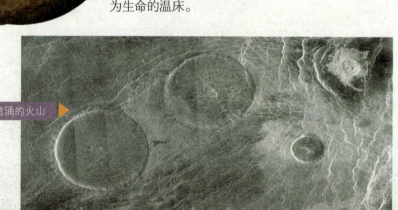

既然金星如此暴躁凶猛，那么为什么它会被称为地球的"姐妹星"呢？这是因为金星的质量和体积等方面与地球类似。金星上有很厚的大气层，有风，有雷电，虽然它自转很慢，但是厚厚的大气层，让它的昼夜温差不大。金星的内部可能也与地球相似：半径约3000千米的地核和由熔岩构成的地幔组成了金星的绝大部分。科学家还探测出金星的岩浆里含有水。但是它可怕的地表温度和浓厚的大气层使它无法成为生命的温床。

地幔

地壳

地核

金星上不停喷涌的火山

火星会热情如火地招待我们吗

火星一身火红色，自古就吸引着人们。罗马神话中称它为战神，中国古代因为它荧荧如火，位置、亮度时常变动，让人无法捉摸而称之为"荧惑"。除了绚丽的外表，火星因其"类地"的特征，更吸引着现代科学家们。

火星表面

这才是地球真正的"姐妹"

从体积和质量上来说，金星更接近于地球；但从本质上来说，火星比金星更像地球的姐妹。火星比地球小得多，它的直径相当于地球的 1/2，体积只有地球的 15%，质量也只有地球的 11%。但是，火星上有春夏秋冬四季的变化，有白天和黑夜的更替；自转周期也与地球相近，为 24 小时 37 分。但火星的四季与地球的四季大不一样，其每个季节约为 172 天，约相当于地球上的 6 个月。火星的昼夜温差也很大，白天最高温度可达 28℃，而夜间即可降到 -132℃。

火星直径约为地球的一半

"火星人"存在吗

火星极冠

我们知道，地球上的生命源自海洋，源自水。所以当科学家发现火星上曾经存在水，就对火星生命的存在抱着极大的希望，纷纷投入了巨大的人力、物力去研究，但是目前得到的消息还是让我们倍感失望：火星大气稀薄，其中 95% 是二氧化碳；火星表面是干燥、荒凉、寒冷的旷野，布满沙丘、岩石和火山口。原来曾引起天文学家高度重视的火星"运河"，只是些排列成行、间隔很近的火山口。那个曾引起人们幻想的"极冠"，只不过是水冰。

火星会成为我们的移民星球吗

如果非要选择一颗星球进行移民的话，那么火星将是人类的不二之选。即使我们现在无法探测到火星生命的存在，但是许多研究者都坚信火星上曾经存在过生命。虽然大部分动植物都不可能在火星的极端环境中生存，但有部分微生物和地衣能存活。然而人类在地球的前景并不乐观，所以外星移民是人类未来探索的重点。虽然另一个候选地——月球距离地球较近，但是它的重力约为地球重力的1/6，相对而言，火星的重力更加接近地球的重力。而且，火星具备稀薄的大气层和水资源。上述因素令火星压倒月球，成为最适宜移民的星体。

艺术家笔下的火星喷泉喷发出含沙的喷流

最新播报 火星运河是个误会

火星运河指火星表面许多线条状的东西，人们之所以把它叫作河，其实是个小误会。1877年，意大利天文学家夏帕雷利在观测火星时，发现火星表面有许多线条状的东西。他用意大利语称之为"canali"（沟渠的意思），但是英文报刊在报道这一发现时，把"canali"错写成了"canal"（英语运河的意思）。因为这些所谓的"运河"，科学家们曾经坚信火星上存在过智慧生物。当然，事实并非如此。

美国"好奇"号探测器成功登陆火星

原来木星才是最"热情"的

木星是个大个子，它是太阳系行星中最大的一个，它那圆圆的大肚子里能装下 1321 个地球，质量约为地球的 317.89 倍。我们在地球上也能轻易地看到它。在太阳系中，除了太阳、月球和金星，就数它最亮了。

木星表面奇异的大红斑

木星很"热情"

要说木星是颗"热情"的星球，这可不是说假话。木星是一颗气体星，即不以固体物质为主要组成成分的行星。最外层是木星的大气，随着深度的增加，氢逐渐过渡为液态，在离木星大气云顶 1 万千米处，液态氢在高压和高温下成为液态金属氢，因此它的表面是高温高压的液态氢海洋，中心温度估计高达 3.05 万℃。瞧瞧这温度，"热情"得足以融化掉一切。

木星的直径与太阳、地球的直径比较

木星

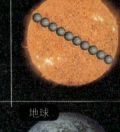

地球

19

木星是个和蔼的"老大"

说木星和蔼，这也不用怀疑，只是这种和蔼不是针对人类来说，而是对于太阳系的其他星球来说：木星无私地保护着其他行星。一方面，它阻止小行星带的天体汇聚成新行星，以免破坏太阳系大家庭的秩序；另一方面，它不断吸收并消灭随时攻击行星的小行星。作为"老大"，"小弟"自然不能少——人类所知的木星系卫星总数达 63 颗，木星因此成为太阳系拥有最多天然卫星的行星，这数字还很有可能继续增加。

木星和它的卫星

木星图

"老大"有个坏脾气

由于木星快速自转，木星的大气显得非常"焦躁不安"。木星的大气其实是一个复杂多变的大气系统，云层每时每刻都在变化。我们在木星表面可以看到大大小小的风暴，其中最著名的风暴是"大红斑"。这是一个朝着逆时针方向旋转的古老风暴，它早在 1660 年前就被人类发现了。大红斑有 3 个地球那么大，其外围的云系每 4 ~ 6 天运动 1 周。风暴中央的云系运动速度稍慢且方向不定，因而云带之间常形成小风暴，并合并成较大型风暴。

由于木星的大气运动剧烈，木星上也有与地球上类似的高空闪电。想想这闪电霹雳、巨大风暴，谁还敢惹这个"老大"！

大红斑的尺寸正在减少

土星环全貌

戴上美丽的光环欢迎您——美丽的土星

今天，我们将前往美丽的土星去参观。现在，请做好准备，我们要出发了，为了能让你更好地游览土星，我们准备了一份土星游览指南，请你仔细阅读，内容具体如下：

第一站：土星大白斑

当你还没有正式踏上土星，在地球上通过望远镜也能欣赏到土星上的一个奇景——土星大白斑。和瑰丽的闪电、狂暴的台风一样，大白斑其实也是土星的一种大气现象。它有大有小，周期性"发作"，大约每隔30年就出现一次。大白斑是由旋转云和涡流形成，它之所以呈白色，是因为它是由氨冰晶体构成的。大白斑起初是一个小白点儿，然后从经度展开，大的土星白斑可能达到数千千米宽，最后环绕整个土星的经度，十分壮观。

土星大白斑

土星

土星基本资料一览表

1. 名称：土星
2. 属性：太阳系八大行星之一
3. 赤道直径：为地球的 9.42 倍
4. 质量：约为地球的 95.2 倍
5. 夜间表面平均温度：−150℃
6. 自转周期：10 小时 14 分
7. 公转周期：29.46 年

第二站：土星光环

土星之所以在八大行星中"美名远扬"，主要是因为它美丽的光环。虽然在木星和天王星、海王星上面都发现了光环，但是最出名的还是土星环——它是最突出、最明显的行星环，还是第一个被人类发现的行星环。行星环是由围绕着行星运转的宇宙尘埃和小颗粒形成的扁平盘状的区域，土星环中有数不清的小颗粒，主要环带中的颗粒大小范围从 1 厘米至 10 米都有。主要环带从赤道上方 7000 千米延伸至 8 万千米，但估计它的厚度只有 10～50 米，最厚不超过 150 米，并且 99.9% 的颗粒都是冰，也许还掺杂着少许的杂质。土星环很大，所以即使是用小型的望远镜也能看到。如果我们驾驶飞船从土星上空经过，一定有非常好的观赏角度，能够看到非常完整的土星环。

美丽的土星环

土星光环切面

第三站：土星独特的大风暴

当飞船靠近土星上空的时候，还能欣赏到土星独特的天气系统——土星北极的六边形喷射气流。这种气候系统还包含了多种大小不等的风暴类型。2012 年科学家就拍到了一个土星北极的类似飓风的风暴，它很深，呈现出红色，约 2000 千米宽，外边缘的云层以每小时 500 千米的速度运动着。

当然，你可能会以为这种独特的现象可遇而不可求，但实际上，它不会像地球上的台风一样"短命"。有科学家说："地球上一次典型的飓风大概持续一周时间，但土星上的这个风暴可以持续数十年，或许数个世纪，谁知道呢？"所以，我们也许可以在飞船上看到它！

土星"风暴"

第四站：土星的卫星们

土星的卫星非常多，目前已确定轨道的天然卫星有 50 颗，其中 14 颗为不规则卫星，这些卫星的体积大部分很小。此外，土星还有几百颗已知的"小卫星"，位于土星环内。当然，矮子里面挑将军，土星还是有 7 颗体积比较大的卫星的。土卫六是土星卫星中最大的一颗，占据绕土星物质总质量的 96%，剩下 6

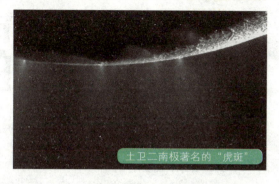

土卫二南极著名的"虎斑"

颗较大的卫星占将近 4%，其余几十颗加土星环只占 0.01%。不过，这并不表示这些卫星上面就没有奇特景致，它们或独特或壮观或美丽，是游览土星风景中不可或缺的一项。我们可以重点看看几颗比较独特的土卫。

土卫一是显著的椭球形，它是土星内部大卫星中最轻的一颗。

土卫二是土星内部卫星中地质活动最激烈的一颗。它的南极充满了一条条的裂痕，称为"虎斑"，南极地区表面下还可能存在液态水，非常值得一探。不过土卫二的面积很小。

土卫三上有两处盛景——奥德修斯大陨石坑和伊萨卡大型峡谷系统。

土卫四的表面有多种地形，其中包含很多撞击坑区域。土卫四的反面有许多亮裂痕。

土卫五的特征和土卫四很相似，但是它是一颗冰球，它是由 25% 的岩石与 75% 的水冰所组成的，表面遍布冰崖，看起来很壮观。

土卫六是太阳系所有大卫星中，唯一拥有稠密大气层的，也是唯一表面有大量液体的卫星，它的北极和南极地区的湖内存在大量液态甲烷。它还有一处我们未知的"桃花源"，有科学家也叫那儿为上都。

土卫七和土卫六相邻，是已知最大的非球体天体之一。土卫七的表面非常怪异，呈褐色的海绵状。它是唯一有不规则自转的卫星，这表示它没有固定的极点或赤道。

土星的景色十分独特，土星的卫星太多，我们不能一一游览……不过将来，我们的业务范围扩大后，欢迎大家再光临！

土卫三，可以看见伊萨卡大型峡谷

第三节
那些独特的星体

介绍完我们的邻居，接下来，我们又要开始寻找新的星体了。要知道宇宙这么大，有个性、好玩儿的星体可不少。接下来我们就去采访一下我们口耳相传的那些星体吧。

恒星——我们永远这么闪亮

在晴朗的夜空中，那些总在一眨一眨的家伙就是恒星。古人认为恒星是固定不动的星体，所以人们给其取名为"恒"，其实恒星也在运动。现在让我们来认识一下常常被提及的那些恒星，比如神话故事中被残忍分离的恩爱夫妻"牛郎织女"，诗歌中有狼子野心的天狼星……

牛郎织女遥相对

在中国的神话故事中，牛郎和织女被王母娘娘分隔在银河两岸，一年仅能在农历七月初七相聚一次。这让我们对牛郎和织女给予深厚的同情，但实际情况真是如此吗？

织女星是天琴座中最明亮的星星，也是太阳附近最明亮的星星之一。它和地球的距离相对来说很近，只有 26.3 光年。织女星和牛郎星实际关系不大，倒是与太阳关系不错，天文学家称它是天空中仅次于太阳第二重要的

牛郎织女的故事

24

恒星。在很久以前，织女星还是北半球的极星，很多年以后它还会再次回归成为北极星。织女星的年龄只有太阳的 1/10，但是因为它的质量是太阳的 2.1 倍，因此它的预期寿命也只有太阳的 1/10；这两颗恒星目前都在接近寿命的中点上。

恒星在天球北极的移动路径，织女星是附近最闪亮的恒星

牛郎星又叫牵牛星，是天鹰座中的恒星，是天空排行第十二明亮的恒星。它和天鹰座 β、γ 星的连线正指

隔河相望的牛郎织女星

向织女星。正是这一奇景，所以在古人的想象中，牛郎星和织女星就成了被迫分离的情侣。牛郎星距离地球 16 光年，它的质量约是太阳的 1.7 倍，直径约为太阳的 1.8 倍，亮度约为太阳的 10.5 倍，表面温度约 6727℃。

西北望射天狼

在中国古代的星宿文化中，天狼星是"主侵略之兆"的恶星。当然，事实并非如此。在晴朗的夜空，你能看见的最亮的恒星就是天狼星。天狼星之所以成为夜空中最亮的星星，不仅仅是因为它本身比较明亮，还因为它距离太阳非常近，是最近的恒星之一。

天狼星虽然肉眼看上去是一颗单独的星星，但实际上它是一个恒星系统，是由互相围绕公转的两颗白色恒星组成的。其中较亮的一颗星，称为天狼星 A，另一颗叫作天狼星 B，不过天狼星 B 现在已经变成了一颗白矮星。除了居住在北纬 73° 以北的人，我们在地球的任何角落都能看到天狼星。

天狼星 A

艺术家笔下的天狼星 A 和 B

我是最倒霉的星星——彗星

作为太阳系中的一员，彗星对自己的地位一直非常不满意。为了平息它的怒气，我们开展了一系列的研讨会，并请了许多在太阳系颇有名气的代表来参加。现在，我们就来直播这一次的研讨会。最先发言的就是彗星。

 彗星（非常愤怒）

3000 多年前，人类就已经发现我了，但是到现在为止，我在人类中依旧是"臭名远扬"，人类总是叫我——"扫把星"。相信大家都知道，"扫把星"就是倒霉鬼、灾星的意思，这是一个有侮辱性的名词，我非常讨厌。

望远镜拍摄的彗星的彩色图片

如果仅仅因为我在进入大气层的时候总拖着一条长长的尾巴，而且不经常出现，或者一出现就匆匆而过，就判定我会给人类带来灾难，把我视作灾祸降临前的不祥之兆，称之为"灾星"，是不科学的，我不服气！

太阳（慢条斯理）

嗯，这件事我早就知道了，毕竟，彗星是太阳系中的一员！关于这个问题，我得说明一下。彗星长成这个样子，也不是没有原因的。它由 3 个部分构成，彗核是彗星的实体部分，形状像一个"脏雪球"，

金黄色的霍姆斯彗星

26

由比较密集的固体块和质点构成，整个彗星的质量几乎都集中在这里；彗核周围环绕着的云雾状物质称为彗发，主要由气体和尘埃组成，能反射太阳的光辉；彗尾由极稀薄的气体和尘埃组成，受太阳风的影响，在靠近大气层的时候，形状看起来就像扫帚。其实每年都有上百颗彗星出现，但是它们的光亮很大程度会受到我的影响，人类不一定能观测到，所以大家别再误会它了！

双尾彗星

📢 科学家（深思熟虑）

关于彗星是不是灾星，现在还真不好下结论，由于它在人类思想中根深蒂固的印象，每一次出现都会引起极大的恐慌。

1910 年重返的哈雷彗星，因为它的彗尾会扫过地球，报纸上错误的报道引发民众对它的恐惧，认为可能会毒害数以万计的生命。1997 年海尔—波普彗星的出现，甚至引起一些教派的自杀潮。还有些人认为，一些传染病，如 1968 年全球流行的香港型流感和中世纪的几次大瘟疫，很可能与彗星靠近地球时带来的病毒有关。彗星还被很多人认为是造成地震的"凶手"之一。流行文化中描写彗星是预示世界末日的征兆，这类认识牢固地根植于很多人的脑海……而在已有的资料中，我们也确实观测到彗星撞击其他星球的实例——月球表面有许多的撞击坑，有些就是彗星造成的。最近一次的彗星与行星的撞击发生在 1994 年 7 月，舒梅克—利维九号彗星与木星相撞。

📢 哈雷彗星（十分淡定）

为什么我会出现在这里？这是因为我觉得自己是彗星中和人类较亲近的一个。我是唯一每次都够亮，在经过太阳系的内侧时人类能以肉眼看见的彗星。不过只有幸运的人才能够看到我，因为我大约 76 年才出现一次。英国人埃德蒙·哈雷最先估算出我的周期，所以人们把我命名为哈雷彗星。上一次我出现是在 1986 年，而下一次回归将在 2061 年。因为我的周期的确定，人类能更好地观察彗星。我打开了人类通向彗星的大门，而我相信这扇大门会一直开着，让人类能更好地了解我们。

哈雷彗星

流星体使用说明书

🔔 概述

　　流星体是宇宙对人类的馈赠。当然，人类不一定了解这份赠礼，因此，宇宙爷爷特地做了一份简易说明书。现在我们一起来看看，如何才能更好地使用、欣赏这份大礼。

格罗宁根上空的火流星

🔔 性状

　　流星体会呈现出多种状态，如我们常见的流星。而实际上流星不是天体，它只是流星体或者小行星撞入大气层后出现的发热现象。流星色彩缤纷，有白、红、紫、橙、蓝、黄，是一种非常美丽的现象。

　　火球是流星体另外一种状态，实际上它和流星唯一的区别在于——它比流星亮！它之所以被叫作火球，就是因为当我们在天顶看到它的时候，它就如同一个明亮的火球，亮度也超越了所有行星的亮度。

　　火流星的亮度比火球更亮，它实际是一种特殊的火球。当然，普通人一定不会像欢迎流星一样欢迎它，因为它的出现往往意味着一次撞击事件。火流星的名字来自希腊文，它更贴切一点儿的翻译应该是闪电或者导弹。谁让它的尾部总是特别明亮，还往往会发生爆炸现象呢。

　　还有一种超级火流星，顾名思义，它的亮度比火流星还要亮。

　　流星体在和大气层撞击后，要是没有完全汽化，往往就会留下点儿残留物，这就是大家比较熟悉的陨石。流星体偶尔和地球"亲密接触"后，它会熔解地表的物质，冷却后会形成一种特殊的物质。大家认为它是陨石的一种，所以把它叫作玻璃陨石，

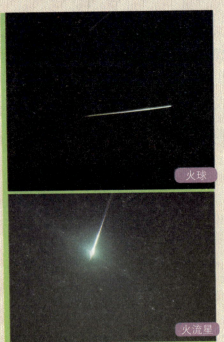

火球

火流星

铁陨石

玻璃陨石

又称雷公墨，实际它是"本地制造"。

有时候，流星体一进入大气层就被毁坏了，这个时候，它就会产生流星尘；有的时候它会分离出一条离子尾，离子尾是流星体到来的前期预报，通过它我们能很好地了解流星体的运行。

注意事项

每年降落在地球上的流星体非常多，据估算，有 20 万吨左右。我们经常能观看到的流星体现象就是流星雨。但是流星雨往往转瞬即逝，观看时要选择好时间（天文学家会公布）、地点（最好在郊外），还要有一定的耐性（也许你会等待很久）……另外，流星体也可能对地球产生一定的伤害，如大型陨石撞击产生的各种天坑。大型陨石撞击地球可能是导致恐龙灭绝的原因之一。据史料记载，500 多年前，甘肃一颗直径仅数十米的陨石的降落造成了上万人死亡，相当于一颗原子弹爆炸的威力。

纳米比亚霍巴陨石

哦，NO！外星人来啦！

✿ 重口味事件——解剖外星人

事情起末： 1995 年，一个华盛顿老摄影师提供了一部画面模糊的黑白影片，宣称这是 1947 年自己受命前往罗斯韦尔空军基地所拍摄的解剖外星人录像。这部绝密影片展示了解剖一个外星人身体的全过程，成为一些"不明飞行物迷"一直以来声称美国政府拥有外星人身体的证据。

结果： 这只不过是一次世界炒作史上的经典之作，这部黑白影片，确确实实就是一部影片！

人类普遍认知中的外星人

✿ 来点儿小清新——麦田怪圈现象

事情起末： 麦田怪圈是在麦田或其他农田上，透过某种力量把农作物压平而产生的几何图案。最早的麦田怪圈可以追溯到 1647 年。麦田怪圈现象现在依然找不到科学的解释。有的麦田圈中，被压倒的植物茎节点的烧焦痕迹每根植物都一样，且茎节点烧焦的植物仍能继续生长，这

麦田怪圈

究竟是如何做到的？有的麦田圈每一根植物，全部互相交叉，叠压纠结在一起，人力如何能在一夜之间完成这么大的工程？这些都是谜题。

结果： 这种种无法解释的现象，我们都认为是外星人开的玩笑。但是有一部分麦田怪圈其实是人类自己开的玩笑。

真正的麦田怪圈现象该作何解释，谁也没有准确答案。

✿ 这可是个大证据——频频到访的 UFO

事情起末： 人们把高空中来历不明的飞行物，统称为 UFO。很多人将 UFO 视为外星文明的飞碟、飞盘，是来自其他星球的太空船，或者未来的人来今日地球作研究所操控的时光机。UFO 不是现代的"特产"，宋朝的大文豪——苏轼在他的《游金山寺》中就有记载："是时江月初生魄，二更月落天深黑。江心似有炬火明，飞焰照山栖乌惊。怅然归卧心莫识，非鬼非人竟何物？" 1952 年 7 月 19 日晚，美国华盛顿上空多次出现不明飞行物，美军战斗机想击落它们，它们却以远超过战斗机的速度移动并集体消失。

结果： 对于大多数 UFO 的报告，科学家已给出了合理的解释。例如，在许多事件中，报告的 UFO 不过是自然天体或者飞机等排出的尾气，或者特殊大气层状态令人产生的视觉上的错觉。但仍有 5% 的 UFO 未能明确是何种物体。

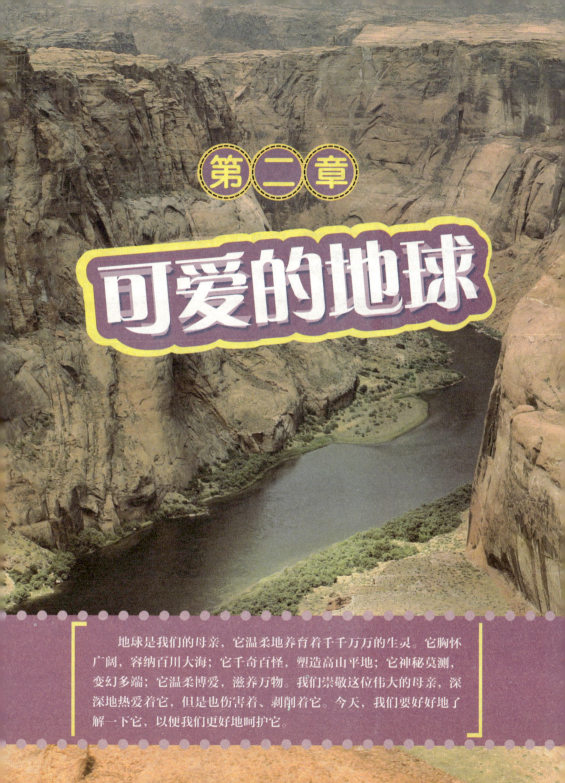

第二章

可爱的地球

　　地球是我们的母亲，它温柔地养育着千千万万的生灵。它胸怀广阔，容纳百川大海；它千奇百怪，塑造高山平地；它神秘莫测，变幻多端；它温柔博爱，滋养万物。我们崇敬这位伟大的母亲，深深地热爱着它，但是也伤害着、剥削着它。今天，我们要好好地了解一下它，以便我们更好地呵护它。

第一节
专为地球母亲举办的颁奖大会

宇宙中有无数的星体，或瑰丽，或壮观，或奇异，而在这数不清的星体中，我们最感谢的一定是——地球。

首先，大家都知道地球母亲是生命的摇篮

🔔 主持人发言

和 137 亿岁的宇宙相比，地球可以说是一颗年轻的星球，它只有约 46 亿年的历史。在太阳系的八大行星中，它不如木星巨大，不如土星看起来美丽，但它是伟大的。因为在已发现的数万亿的星球中，只有地球孕育着数百万种生物。它充满了活力，给生命提

美国宇航员布鲁斯·麦克坎德雷斯正在进行太空行走

供庇护，是我们共同的家园。言辞浅薄，无法一语道出我们的感恩之心，但我们从未忘记。曾经我们设立了无数个奖项，颁给影视明星、科技工作者、优秀小学生……但是，我们最应该为其颁发奖项、最应该受到我们赞誉的地球母亲，却没有得到我们的任何奖项。现在，是我们弥补缺憾的时候了，让我们把世界最高的荣誉献给地球。首先，有请我们的地球母亲上场！

🔔 地球母亲

我最骄傲的事情，不是今天站在这个台上，而是我拥有别人没有的财富——我亲爱的儿女们！但是，生命的孕育不是凭我一己之力而完成的，其条件非常苛刻。

首先，这是因为我处于太阳系这个奇妙的团体，虽然我兄弟姐妹众多，但是八大行星运行方向基本是一致的，而且在同一个宇宙平面上，这就让我有了一个稳定的宇宙环境。

其次，我是幸运的，处于一个非常好的位置，和太阳不远也不近，因此既不像水星、金星那么热，也不会像天王星、海王星等那么冷，我的平均温度能保持在15℃左右，这样的温度比较适宜生物存活。

当然，我自己本身也有一些独特的条件。我的自转周期不长也不短，这样能让我保持稳定的光照时间，更有利于生命的成长；我的体重不大也不小，这样就让我形成了一个生命的保护层——大气层，这层保护层是生命存在必需的条件之一；我还有合适的重力，保证地球上的水能保持原始状态。相信大家都明白水对生物的重要性。

🔔 颁奖嘉宾（地球专家）

地球母亲和我们是一体的，爱护地球，就是爱护我们自己。在地球母亲诞生后的10亿年内，生命开始出现。地球的生物圈逐渐开始改变大气层和其他环境，然后需要氧气的生物得以诞生，并促成了臭氧层的形成。臭氧层与地球母亲的磁场一起阻挡了来自宇宙的有害射线，保护了陆地上的生物。前面地球母亲所说的那些特征，使得地球上的生命能周期性地延续，生命生生不息，不断进化，地球母亲不断改变，从而更好地保护它的孩子。所以，它是伟大的，这个奖项理所当然地要颁给它！

然后，夸一夸给予地球母亲帮助的有功之臣

　　地球母亲的欣欣向荣绝对不是偶然的，嘉奖过地球母亲之后，我们必须要奖励一下下面几位有功之臣。

▌ 地球的保护层——大气层

　　大气层有三大作用：一是让天外来客不能轻易抵达地表，直接撞击地球母亲；二是让直射的太阳光变为散射，阳光更柔和，天空也因此呈现美丽的蓝色，让视觉更舒适；三是一定的大气压能让水保持液态，相信大家都明白液态水对生命的重要性。

　　大气层的组成元素很合理：氧气不多不少，正好适合需要氧气的生物；氮气是主角，占了 3/4 的比例，既稀释了氧气，又为生物提供了营养成分；二氧化碳适量就好，能保证光合作用的进行……

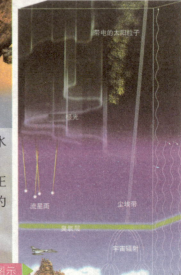

带电的太阳粒子　　外大气层

极光　　热层

中间层

流星雨　　尘埃带

平流层

臭氧层

宇宙辐射

对流层

大气层结构图示

34

功不可没的水资源

地球是太阳系八大行星中唯一被液态水所覆盖的星球，水占据了地球表面的70.8%。但是地球上的水究竟源起何处，人们依然争论不休。有些科学家认为水是地球最初形成时，散落在大气中的氢、氧结合，形成水蒸气，水蒸气凝结形成了海洋；也有些科学家认为地球上的水的存在历史更久远，存在于形成地球的星云等物质；还有些科学家认为水是原始地壳中硅酸盐等物质受火山影响而发生反应，析出水分……

不论科学家们的哪种说法正确，至少水资源并不是地球的"特产"这一点是确定的。在其他星球曾经也发现过水的存在，但是由于各种原因，水基本不能以液态长期存在。没有水就没有生命，我们要珍惜水资源，节约用水。

地球上的生物

地球的保护伞——臭氧层

臭氧层是地球的保护伞，臭氧因其特殊的臭味而得名。臭氧层是指大气层的平流层中臭氧浓度相对较高的部分，大多分布在离地20～25千米的高空。臭氧层的主要作用是吸收太阳辐射的紫外线。太阳辐射的紫外线杀伤力很大，但有了臭氧层的阻隔，它便不能轻易到达地面搞破坏。臭氧层能过滤掉99%的紫外线，对生物的生存有很大的作用。地球各地臭氧层密度大不相同，赤道附近最厚，两极变薄。北半球的臭氧层厚度每年减少4%。现在大约4.6%的地球表面没有臭氧层（大多在两极上空），这些地方形成臭氧层空洞。

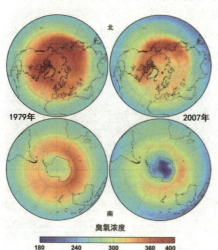

北

1979年　2007年

南

臭氧浓度

180　240　300　360　400

臭氧层变化图

顺便说说地球母亲的孩子

地球母亲的孩子有很多，因时间有限，我们请几位代表上台来。

黑土

第一位：土壤

土壤是地球表面上的一层疏松的物质，能够生长植物。土壤是在气候因素、生物因素、地形因素、时间因素、人类因素等的相互作用下形成的。这些成土因素在土壤的形成过程中具有同等重要性。土壤来自岩石、无机物、有机物，主要由矿物质、空气、水分、有机物质等构成。地球表面形成 1 厘米厚的土壤，约需要 300 年或更长时间。

我们常见的土壤有红土、黄土、黑土等。土壤是生物的栖息地，能维持生物的生长，为其提供营养，还能净化、涵养水源。

第二位：岩石

岩石是构成地壳的基本物质，呈固态，其中海面下的岩石称为礁、暗礁及暗沙。岩石就其成因来说，可分为火成岩、沉积岩和变质岩三大类。地球内部的熔融物质，由火山通道喷溢出地表凝固形成的岩石，叫火成岩。沉积岩是在地表常温、常压条件下，由风化物质、火山碎屑、有机物及少量宇宙物质经搬运、沉积和成岩作用形成的岩石。变质岩是原有岩石经变质作用而形成的岩石，约占地壳总体积的 27%。

仔细观察石灰岩，我们会发现上面分布着一些白色的小颗粒，这是石灰岩的主要成分之一，来自生物尸体，比如珊瑚虫等，这些生物尸体，被巨大的水压挤压变形，最终形成石灰岩。喜马拉雅山的大多数石头都是由此类岩石构成，由此科学家推测喜马拉雅山原本是一片海，有生命存在。

沉积岩

第三位：海洋

　　从太空上看，地球是一个美丽的蓝色星球，这是因为其表面约70.8%都是海洋。海洋是生命的摇篮，海洋蕴藏着丰富的资源，海洋是决定气候的主要因素之一……地球上的大洋共分为4个：太平洋、大西洋、印度洋和北冰洋。太平洋、大西洋和印度洋分别占地球海洋总面积的49.8%、25.4%和21.1%。重要的边缘海多分布于北半球，它们部分为大陆或岛屿所包围。

海洋

第四位：矿物

　　矿物，是指由地质作用所形成的天然、一般为结晶态的化合物或单质，人们把有利用价值的矿物叫作矿产资源。矿产资源可分为能源矿产（如石油、煤炭）、金属矿产（如铁和铜）、非金属矿产（如金刚石、石灰岩和黏土）、水气矿产（如地下水和二氧化碳气）四大类。

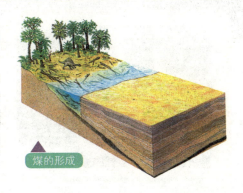
煤的形成

第五位：河流

　　地上本来没有河，是雨水、地下水和高山冰雪融水经常沿着线形伸展的凹地向低处流动，才形成了河流。山间易涨易退的山溪，不能算河流。一条新河形成时，河水并不是向下流动，而是掉过头来，向源头伸展，河谷一天天向上游延伸。凡是天然形成的河流，都是这样"成长"起来的。

河流穿越城市

有功有过，我们也要提醒一下地球母亲偶尔的错误

地球母亲的脾气一直很温顺，因此万物能生生不息，但是这并不意味它是一个完美的母亲。有功有过，我们也看看它狂躁的一面吧！

🔔 滑坡和泥石流

山坡岩体或土体顺着山坡向下移动，这种现象就是滑坡。在一些山区沟谷中，暴雨、冰雪融水等因素会使滑坡出现时伴随着大量的泥沙和石块，浑浊的流体沿着陡峻的山沟奔腾咆哮而下，在很短的时间内漫流堆积，这种现象就是泥石流。滑坡会掩埋农田、建筑物和道路；泥石流会堵塞江河、摧毁城镇和村庄。

🔔 地震

地壳是地球表面的一个岩石圈层，大陆地壳平均厚约 35 千米，大洋地壳平均厚约 7 千米。它时时刻刻受着内力和外力的作用。内力来自地幔，地幔圈层里的温度高，经常膨胀、收缩和流动；外力来自太阳和月球的引力以及地球自转速度变化产生的力量。内力和外力作用，使地壳的形状发生变化——断裂、位移等。这种地壳的断裂、位移等现象就是地震。

地球平均每天要发生 1 万多次小地震，每年要发生 100 多次破坏性地震。

🔔 气旋

气旋中心气压低、四周气压高，是一种近地面气流向内辐合、中心气流上升的天气系统。较强的热带气旋中，发生于北太平洋西部及南海海域者称为"台风"；于大西洋、加勒比海、墨西哥湾和北太平洋东部者称为"飓风"；在印度洋上则可简称为"气旋"。科学家曾估算，一场中等强度的台风所释放的能量相当于上百个氢弹，或10亿吨黄色炸药所释放能量的总和。据统计，从1947年至1980年全球10种主要自然灾害中，由台风造成的死亡人数为49.9万人，占全球自然灾害死亡总人数的41%，比地震造成的死亡人数（45万人）还多。

🔔 海啸

因海底地震、火山爆发或水下塌陷和滑坡而使上下浮动的海水形成巨浪涌入陆地，这就是人们所说的海啸。海啸掀起的狂涛骇浪，高度可达十多米至几十米不等。海啸如果到达岸边，就会对人类的生命和财产造成严重威胁。

🔔 火山爆发

地球内部充满着炽热的岩浆，在极大的压力下，岩浆会从薄弱的地方冲破地壳，喷涌而出，从而造成火山爆发。猛烈的火山爆发会吞噬、摧毁大片土地，将大量生命、财产烧为灰烬。

第二节
给你曝点儿地球的小秘密

地球孕育着无数的神奇，我们闻所未闻，见所未见。今天，我们就来偷偷曝点地球的小秘密，好让我们对它更了解！

沧海变桑田，百变地貌

东南丘陵

地球在漫长的演化过程中，地形在不断变化。地球的陆地地形通常被划分为平原、高原、山地、丘陵、台地和盆地 6 种基本类型；地球的海底地形通常被划分为大陆架、大陆坡、海沟、海盆（海洋盆地）和海岭等类型。

🔔 平原

平原是海拔低于 200 米的宽广地平地区，一般都分布在沿海地区。如亚洲的恒河冲积平原、美索不达米亚平原等。我国最大的平原是东北平原，影响力较大的还有华北平原（黄淮海平原）、长江中下游平原、珠江三角洲平原等。

🔔 高原

指地势高、面积广而平坦的地形。存在年代较短的高原一般比较平坦，而年代较长的则因长期受

风化侵蚀，比较低矮，看起来和山地一样。世界最高的高原是中国的青藏高原，面积最大的高原为巴西高原。

山地

一般指海拔在 500 米以上，起伏较大的地貌。其特点是起伏大，坡度陡，沟谷深，多呈脉状分布。

南极高原

丘陵

海拔在 500 米以下，相对高度不超过 200 米，由众多小丘连绵而成的地形。世界上最大的丘陵是哈萨克丘陵。中国东南地区是丘陵分布最广、最集中的地区，这一地区统称为东南丘陵。

哈萨克丘陵

台地

台地是一种凸起面积较大且海拔较低的平面地形。台地中央的坡度平缓，四周较陡，直立于周围的低地丘陵。台地介于平原、高原两者之间，海拔在一百至几百米之间。

大陆坡

大陆坡的坡度较大陆架的陡，其是大陆架向大洋底的急陡过渡地带，它的边缘开始向深海倾斜。大陆坡上界水深多在 100 ～ 200 米；下界一般渐变，水深约在 1500 ～ 3500 米，在邻近海沟地带，下延至更深处。宽数十千米至数百千米。

盆地

盆地四周地形的水平高度要比盆地自身高，在中间形成一个低地，就如同一个脸盆一般。

🔔 大陆架

大陆架是大陆沿岸土地在海面下向海洋的延伸，可以说是被海水所覆盖的大陆。在大陆架上也可以发现一些丘陵、盆地，还有明显的"水下河谷"，这些河谷地形看起来就像是陆地河流的地形，有蜿蜒的河道，有冲积平原、三角洲等，许多水下河谷还与陆地上的河流相对应，可看作陆上河流的"延续"。

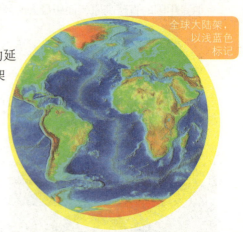
全球大陆架，以浅蓝色标记

🔔 海沟

海沟是位于海洋中的两壁较陡、狭长、水深大于 6000 米的沟槽。海沟多分布于活动的海洋板块边缘，一般认为它是地球板块相互挤压的结果。

🔔 海盆

海盆也可以说是海底的盆地，海洋的底部有许多低平的地带，周围是相对高一些的海底山脉，和陆地上盆地的构造非常类似。它们有些属于大洋与大陆交接处的边缘海海盆，有些是在大洋里的海盆。2012 年 5 月，美英两国科学家在西南极洲冰原下方发现了一个巨大海盆，这将使该冰原变得不太稳定，将来可能面临萎缩甚至坍塌的风险。

海沟

🔔 海岭

海岭也叫作"海脊"，更通俗一点儿的叫法是——"海底山脉"。顾名思义，海岭是在海洋底下，一般高出两侧海底 2000 ~ 4000 米。当然，如果它太高，露出水面了，在水上的那一段又有一个新名字——"海岛"。

海岭

东边日出西边雨，百变天气

天气变化多端，我们每天都在感受。是冷还是热？是干还是湿？是风平浪静还是狂风暴雨？是晴朗还是多云？……

好雨知时节，当春乃发生

当空气中的水蒸气遇到冷空气气团时，就会凝结成小水滴或小冰晶，这些小水滴或小冰晶聚集在一起，就形成了云。云里的小水滴一般比较小，掉不下来。只有遇到持续的上升气流，水滴才会不断变大，当水滴大到上升气流托不住它的时候，就降到地面上来，这就是雨。雨是地球水循环不可缺少的一部分，是大部分生态系统的水分来源，是几乎所有的、远离河流的陆生植物补给淡水的唯一方法。

穷冬不见雪，正月已闻雷

天空中带不同电荷的云相互靠近时，或带电荷的云与地面靠近时，都会发生放电现象，产生电火花，这就是闪电。闪电发生时，闪电通路中温度高达几万摄氏度，使周围空气急剧膨胀，发出巨大的响声，这就是雷声。闪电和雷声是同时发生的，但由于光比声音传播速度

锋面雨

对流雨

地形性降水

快，所以我们总是先看到电光闪闪，后听到雷声隆隆。

雷电击毁房屋，造成人畜伤亡，还会引起森林火灾，破坏高压输电线路。雷电更是安全飞行的大敌。但是，它可不只做坏事，仲夏季节的雷电往往伴随着降雨，能给农作物提供充足的水分；雷雨会冲刷掉大气中的灰尘、烟雾等污染物，起着净化大气的作用，使空气变得更加清新；另外，闪电产生的高温，能使空气中的氮气和氧气直接化合成二氧化氮，随雨水渗入土壤中变成硝酸盐，它是农田的上等肥料。

好风凭借力，送我上青云

地球每时每刻都在接受阳光照射，而各个地方的受热程度又不一样，这样就会让各地的空气产生水平运动，风就这样形成了。风分为两种类型，一种是季风，它是周期性的风，随季节变化，另一种是暴风，风力级别能达到10～11级。

风的作用很多，它是运输的助力（帆船行驶就是利用风的力量），它还能帮助植物运输种子，风力还能发电，是一种环保、安全的能源。我们还能利用风玩出新花样——悬挂式滑翔、乘热气球、放风筝、冲浪、乘滑翔伞、帆船航行、滑浪风帆、乘滑翔机等。

地白风色寒，两极大不同

阳光下的北极熊

　　地球是绕着地轴自转的，所以地球的自转轴和地球表面就出现了两个交点——在北边的叫北极，在南边的叫南极。北极周围的是北极地区，南极周围的是南极地区。南北极气候寒冷，但是依然有不少动植物生存。现在，我们分别派两极的代表居民来说说自己的居住地。

北极代表居民——北极熊

　　大家好，我是北极熊，我生活在北极地区。你要注意了，是北极地区，不是北极，那儿只有常年被冰封的冰冷海水在冰层之下流动着。我们一般在北冰洋附近活动，我们族里最伟大的英雄到过北纬88°。

　　我们的样子很可爱，皮毛毛茸茸的，其是我们生存的法宝，因为北极太冷了。北极冬天的气温在 −43℃ ~ −26℃之间，平均气温约 −34℃；夏天（6 ~ 8 月）的平均温度也在冰点，有记录以来的最高温为 5℃。我们还要经历极昼、极夜。当冬天到来后，太阳持续在地平线下，我们有很长一段时间生活在茫茫黑夜中；没过几个月，我们又要经历 24 小时的天光大亮。这样的生存环境，也许在你看来是无法忍受的，可是我们已经习惯了。我们在这里生活了很多很多年，这里给我们带来威胁的不是寒冷，恰恰是温暖。温室效应使我们北极的冰层开始融化，这迫使我们不得不把活动范围逐渐往南移。我很担心，也许我们的生命

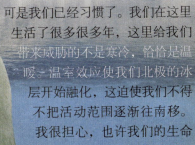

45

在 21 世纪就会终止。人类破坏了我们的家园，但是他们没有办法帮我们找到另一个合适的家园！人类，请救救我们。

南极代表居民——企鹅

我们世世代代生活在南极，忍受着这儿的严寒、冷冽。南极和北极一样，有极昼、极夜，有大风、酷寒。这儿有很大一块大陆，人类叫它南极大陆。它是最晚被人类发现的大陆，98％以上的面积是厚厚的冰雪，因此人类又把它叫作"白色大陆"。南极大陆被太平洋、大西洋、印度洋包围，形成一个巨大的水圈，呈完全封闭状态。因为这块大陆，我们有了家园；也因为这块大陆，我们生活的地方比北极更加寒冷，是世界上最寒冷的地区，平均气温比北极要低 20℃，年平均气温为 –25℃，尤其是东南极高原地区，年平均气温低达 –57℃。在这样的低温下，普通的钢铁会变得像玻璃一般脆；如果把一杯水泼向空中，落下来的会是一片冰晶。

除了严寒，我们还要忍受南极的大风，这儿是风暴最频繁、风力最大的大陆，速度在每小时 100 千米以上的大风在南极是常有的事。法国南极观测站曾测到每秒运动 100 米的大风，比 17 级大风还要强，这是迄今为止世界上记录到的最大的风。因此，南极又被称为"风极"。

人类发现了南极，在南极建立了很多观测站，可是南极依然是我们的地盘，我们和北极熊一样畏惧着我们的末日的来临，温室效应是我们共同的敌人，你们也来帮帮我们吧！

第三节
走访七大洲，寻找神奇秘境

地球很大，有郁郁葱葱的热带雨林，有寸草不生的荒凉大漠，有一望无际的草原，也有深不可测的海洋……今天让我们的足迹遍布整个地球，去寻访这些地方吧。

个性海洋，让你啧啧称奇

太平洋——我是当之无愧的"老大"

太平洋是四大洋之一，是四大洋中面积最大的洋，面积约 17968 万平方千米，从南极到北极都有它的身影。太平洋覆盖着地球约 49.8% 的水面，占地表总面积的 35%，比地球上所有陆地面积加起来还要大。太平洋多火山、地震，活火山约占全球的 85%，地震约占全球的 80%。太平洋中部是台风的发源处。虽然"太平洋"这个名字原意为平静的海洋，但是它看起来一点儿也不平静。太平洋还是世界上最深的海洋，平均深度 4028 米，最深处的马里亚纳海沟深达 11034 米，是世界上最低的地方。

从国际太空站看太平洋上的日落

北冰洋——我是最袖珍的洋

北冰洋是四大洋中最小的洋，大致以北极为中心，介于亚洲、欧洲和北美洲之间，大部分为陆地所环绕。那么，北冰洋究竟有多小呢？北冰洋面积 1310 万平方千米，

北冰洋

约占世界大洋面积的3.6%。北冰洋不仅小而且浅，平均深度1205米，为世界大洋平均深度的1/3。

南冰洋的居民之一——磷虾

南冰洋——我是最年轻的洋

有的同学可能在别的书上看到"五大洋"这样的说法，这是因为国际海洋学家发现南极海有不同洋流，于是，国际水文地理组织于2000年确定其为一个独立的大洋。如果根据这种说法，那么南冰洋就是最年轻的大洋。

南冰洋也称南极海或南大洋，是围绕南极洲的海洋，也是太平洋、大西洋和印度洋南部的海域，大致在南纬60°以南。以前人们一直认为太平洋、大西洋和印度洋一直延伸到南极洲，南冰洋的水域被视为"南极海"，不过现在它已经被划分为一个单独的、最年轻的大洋。

珊瑚海——我是海中的翘楚

世界上最大的海是珊瑚海，因众多的环礁岛、珊瑚石平台像天女散花一般，散落在广阔的海面上，因此得名珊瑚海。珊瑚海是世界上最大的海，面积479万平方千米，几乎相当于我国国土面积的一半。珊瑚海位于太平洋西南部，一般水深不到70米，新不列颠岛西侧海沟最深达9174米。珊瑚海海水洁净，含盐度和透明度很高，水呈深蓝色。因为珊瑚海的周围几乎没有河流注入，水质污染小，因此为海洋动植物提供了优越的生活和栖息条件，珊瑚海盛产鲨鱼，还产鲱、

珊瑚虫

大堡礁

海龟、海参、珍珠贝等。这里曾是珊瑚虫的天下，它们巧夺天工，留下了世界上最大的堡礁——大堡礁；在大陆架和浅滩上，以岛屿和接近海面的海底山脉为基底，发育了庞大的珊瑚群体，形成了一个个色彩斑驳的珊瑚岛礁，镶嵌在碧波万顷的海面上，构成了一幅幅绮丽壮美的图景。

马尔马拉海——我是最小的海

马尔马拉海是亚洲小亚细亚半岛同欧洲巴尔干半岛之间的内海，它是世界上最小的海，东西长270千米，南北最宽处70千米，面积1.1万多平方千米，只相当于我国的4～5个太湖那么大。马尔马拉海海岸陡峭，平均深度183米，最深处达1355米，它是黑海与地中海之间的唯一通道，属黑海海峡。

马尔马拉海

红海——我是最咸的海

红海位于非洲东北部与亚洲阿拉伯半岛之间，呈狭长形，长2100千米，最宽处306千米。它的西北面通过苏伊士运河与地中海相连，南面通过曼德海峡与亚丁湾相连。

红海是印度洋的陆间海，实际是东非大裂谷的北部延伸。虽然名叫红海，但是大部分时间红海不红，只有特定时期受浮游于海面的微生物群和死后呈红褐色的海藻的影响才呈现出红色。红海是世界上盐度最高的海域，其盐度在41‰左右，是其他深层海水盐度的2～9倍。

被沙尘暴笼罩的红海

49

特立独行的河流湖泊

世界上最长的河流——尼罗河

尼罗河是一条流经非洲东部与北部的河流，与中非地区的刚果河以及西非地区的尼日尔河并列为非洲最大的 3 个河流系统。尼罗河长 6671 千米，是世界上最长的河流，流域总面积为 287.5 万平方千米，占非洲总面积的 10%。尼罗河从苏丹首都向北穿过苏丹和埃及，所经过的地方均是沙漠。从古代时起，埃及的文明就依靠尼罗河而形成和兴旺。

我们的母亲河——长江、黄河

长江，古称江、大江，它是亚洲第一长河，也是世界第三长河，同时还是世界上完全在一国境内的最长河流，全长 6300 千米。整个长江水系的流域面积达 180.85 万平方千米，占中国陆地面积的 18.8%。长江发源于青藏高原唐古拉山，穿越中国西南、中部、东部，在上海市汇入东海。

黄河发源于中国青海省巴颜喀拉山脉，流经青海、四川、甘肃、宁夏、内蒙古、陕西、山西、河南、山东 9 个省及自治区，最后于山东省北部注入渤海，全长 5464 千米，是中国第二长河，仅次于长江，也是世界第六长河。

黄河横贯中国东西，流域东西长 1900 千米，南北宽 1100 千米，总面积达 75.24 万平方千米。黄河中游因河段流经黄土高原，支流带入大量泥

尼罗河河口

青海省贵德县附近的黄河

沙，使其成为世界上含沙量最高的河流，最大年输沙量达 39.1 亿吨。

长江文明与黄河文明常被并列为中国历史、文化、经济的两大源泉，是中国人民的母亲河。

地球的肚脐眼儿——死海

死海

死海位于约旦和巴勒斯坦交界，水源为约旦河。死海是世界上最低的湖泊，湖面海拔 -424 米，死海的湖岸是地球上已露出陆地的最低点，所以人们称死海为地球的肚脐眼儿。

死海南北长 80 千米，东西宽 4.8 ~ 17.7 千米，面积 1020 平方千米，同时它还是世界上最深和最咸的咸水湖，湖水盐度极高，且越到湖底越高，之所以叫"死海"，就是因为它的高盐度使鱼类等生物无法生存于水中。死海盐度高，是世界上最咸的湖，湖水盐度高达 300‰ ~ 320‰，为一般湖水的 8.6 倍，任何人皆能轻易地漂浮在死海水面上，不会游泳也没关系。

世界上最大的湖泊——里海

画家笔下的里海

里海位于亚洲与欧洲交界处，是世界上面积最大的封闭内陆水体，也是世界上最大的咸水湖，同时还是世界上最大的湖泊以及内陆海，面积约 38.6 万平方千米。里海是一个内流湖，没有流出口，被多个国家环抱，其原本和黑海及地中海同为古地中海的一部分，但随着地壳运动使得高加索山和厄尔布鲁士峰隆起，里海被分割成为独立的内陆湖泊。

世界上最大的淡水湖——苏必利尔湖

苏必利尔湖是北美洲五大湖中最大的一个，被加拿大的安大略省与美国的明尼苏达州、威斯康星州和密歇根州所环绕。苏必利尔湖是世界上第二大湖泊，也是世界上第一大淡水湖，面积为 8.2 万平方千米，但是以蓄水量而言，它仅仅排在第四位。

深入沙漠——冒险四部曲

地球上1/3的陆地是沙漠。沙漠中黄沙漫漫，昼夜温差大，因为水少，生命也比较少，人烟尤其稀少，现在我们就去那儿一探究竟。

1 "死亡之海" 塔克拉玛干沙漠

沙漠中的绿洲

遵循就近原则，我们首先深入探险的是塔克拉玛干沙漠。塔克拉玛干沙漠位于中国新疆维吾尔自治区的塔里木盆地中央，是中国最大的沙漠，也是世界第二大沙漠，同时还是世界最大的流动性沙漠。它东西长约1000千米，南北宽约400千米，海拔840～1200千米，面积33.76万平方千米。也许在人们心中，塔克拉玛干沙漠就是一个"死亡之海"。沙漠平均年降水量不超过50毫米，最低只有四五毫米，而平均蒸发量高达2500～3400毫米。在这一片荒漠中，金字塔形的沙丘屹立于平原以上300米，狂风吹起沙墙，高度可达3米。沙漠里沙丘绵延，受风的影响，沙丘时常移动。荒漠里除了少量的植物，连动物也很少出现。许多人认为那些动物一般只会在晚上出现，白天过高的温度让它们无法承受。

2 走访最大的沙漠撒哈拉沙漠

阿拉伯语中，"撒哈拉"就是沙漠的意思。撒哈拉沙漠横贯非洲大陆北部，东西长达5600千米，南北宽约1600千米，其总面积约960万平方千米，是世界最大的沙漠，亦是世界第三大荒漠，仅次于南极洲和北极地区。撒哈拉大沙漠还是世界上接受阳光最多的沙漠，气候条件十分恶劣，是地球上最不适合生物生长的地方之一。这片大沙漠中遍布沙丘、沙丘源、沙质荒漠、岩漠等，高地多石，山脉陡峭，风沙盛行，沙暴频繁，尤其在春季，是沙暴的高发季节。因此，撒哈拉沙漠中动植物稀少。但撒哈拉沙漠中并不是没有生命，这里存活着300多种沙生动物，还有许多鸟类，常见的爬行动物是蜥蜴。你们千万别忘了，世界上最长的河流——尼罗河，是从中非洲横跨撒哈拉沙漠一直流到地中海的，因为这些河流，形成了绿洲，给沙漠带来了一些生机。

探险"沙漠花园" 3

澳大利亚沙漠位于澳大利亚西南部，面积约155万平方千米。澳大利亚沙漠降水十分稀少，干旱异常，夏季的最高温度可达50℃。这儿终日狂风呼啸，风声猎猎。在所有人都以为这只是个寂静的死亡之谷时，1973年，澳大利亚一个名叫夫兰纳里的植物学家竟然发现在这片沙漠中有大约3600种植物繁荣共生。如果按单位面积计算，其物种多样性要远远超过南美洲的热带雨林。因此，发现者称这里为"沙漠花园"。生长在这里的植物对水和养料的需求少得可怜，几乎是别处植物的1/10。

4 闯入"地狱海岸"

"地狱海岸"还有一个大名鼎鼎的名称——"骷髅海岸"。骷髅海岸充满危险，这儿交错的水流、8级大风、令人毛骨悚然的雾海以及深海里参差不齐的暗礁，令来往船只经常失事。时至今日，过去失事的船只的残骸依然杂乱无章地散落在世界上一条最危险荒凉的海岸上。你知道骷髅海岸是在哪儿吗？

骷髅海岸在非洲纳米比亚的纳米布沙漠和大西洋冷水域之间。纳米布沙漠被认为是世界上最古老的沙漠，干旱和半干旱的气候已持续了最少8000万年，从大西洋吹向该地区的空气经过本格拉寒流后变得干燥并冷却下沉，形成干旱气候，让这块沙漠几乎寸草不生，同时产生的浓雾，引致不少船只在这个沙漠随近的海岸发生意外，即骷髅海岸。

由于沙漠慢慢填平西边的海，一些失事船只现在已位于内陆50米处。

骷髅海岸边的船只残骸

54

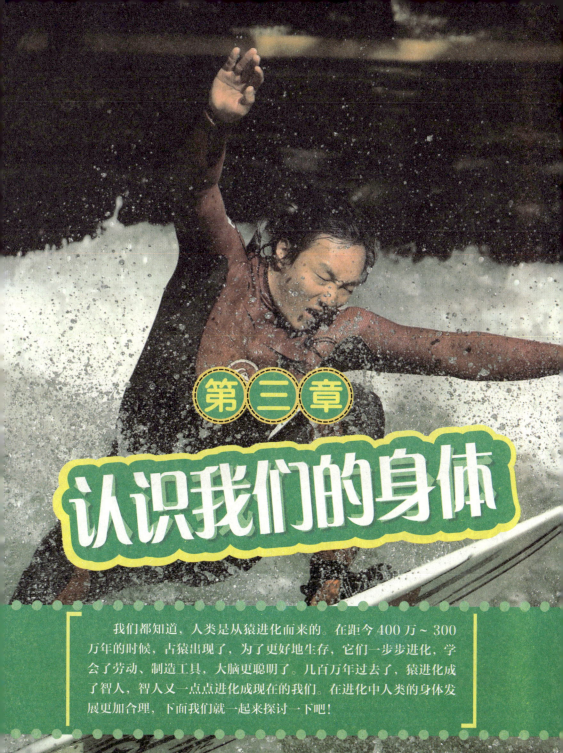

第三章

认识我们的身体

我们都知道，人类是从猿进化而来的。在距今 400 万～300 万年的时候，古猿出现了，为了更好地生存，它们一步步进化，学会了劳动、制造工具，大脑更聪明了。几百万年过去了，猿进化成了智人，智人又一点点进化成现在的我们。在进化中人类的身体发展更加合理，下面我们就一起来探讨一下吧！

第一节
来认识认识你自己

脑是人类的控制中心，是情感、智力等的中枢，也是人类区别于其他动物的标志之一。脑可以说是人类最重要的器官，现在我们就一起来了解一下它。

脑是人体的总指挥

人类出现的时候，地球上已经生存着许许多多强大的动物，但是最终人类主宰了这个地球。在生存的角逐中，人类聪慧的大脑就像是上帝赋予他的作弊器一样，目前所知的动物，可没有比人类的脑袋转得更快的。

当然，你有可能不相信你的大脑是上帝精心的杰作，下面它将亲自来为自己辩护，让你进一步了解它。

先说一下我的长相

悄悄地告诉你，如果你不想去医院欣赏泡在福尔马林中的大脑（我可不喜欢那个地方），而想知道我最常见的形态的话，那么请你立刻去超市——直奔水果区，买一个 1.4 千克左右的柚子回来。我想，这应该是最接近我的大小、形状的常见物。当然，我的颜色肯定比柚子好看，那是一种微红中带点儿灰的颜色。我自认为这是世界上最美丽的颜色。

再说说我的功能区

就像地球有南北半球一样，我是由左右半脑组成的。当然这两边长得大同小异，但是我告诉你一个小秘密：它们的功能大不一样哟！左脑主要控制着你的逻辑思考和语言，这么说你现在可能有点儿不明白，其实你现在正在使用着你的左脑——因为此刻你正迫切地想在脑海中形成"脑"这个概念，想要把"脑"了解清楚，想要通过推理明白我在说什么，想要用语言或数据表达出来。瞧，这些都是你的左脑在掌管。当然，你不要以为你的右脑很懒惰——不不不，它可是掌管着音乐、想象、绘画等功能哟。

　　唉，其实，我觉得我的分工再明确不过了——如果你能说会道，还精通数学，你的左脑肯定很发达；如果你有很强大的艺术细胞，这一定要归功于你的右脑。当然，如果你既能说会道，还充满了想象，那么，你——说不定是个天才！（瞧，我有时候还是很幽默的。）

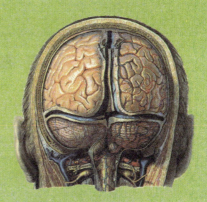

脑部彩图

我的内部构造

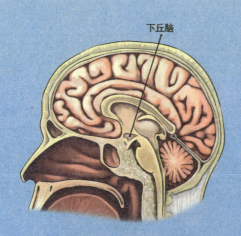

下丘脑

　　下面，来考考你——你现在一定很紧张，来吧，我的问题是：是谁让你一会儿高兴，一会儿难过，一会儿又紧张的？

　　你不知道吧？因为这是一个藏在我身体里的秘密。在我——就是脑的深处，有一颗像小樱桃一样的东西，它的大名叫下丘脑，别看它小，这个小个子可不简单，它掌管着你的情绪，你的喜忧哀乐都是因为它。它还有一个强大的功能——它是整个身体的中央空调，是它把人体的温度控制在 37℃ 左右的。

　　我必须得喘口气，说了这么多，感觉像是跑了 1 万米一样。你要是跑 1 万米，估计很难站得住了。这下问题又来了——站不稳是怎么回事？

　　你一定要问，难道站不站得住也由脑管吗？这不应该是四肢的功能吗？说到这里我不得不很得意地告诉你，脑可是整个身体的总指挥哟，要是没有我，身体就是个摆设！好了，言归正传，要记住，在大脑下边还有一个叫小脑的小家伙，就是它控制着你的平衡、肌肉运动等。要想跑步跑得快，小脑必须发育得好。

我一直自诩精明简练，却说了这么多，你们是不是越来越喜欢我了。可要好好爱我呀，虽然脑脊液、脑膜、头骨、头皮甚至你的头发都在为我提供保障，但是我不得不说，我很脆弱。

左右脑功能图

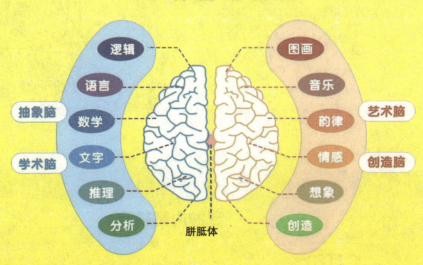

休息休息

你的大脑要睡觉了，一直不停地思考会让它非常疲惫，而睡眠能让它得到及时的休息，以便更好地运转。现在我将接替它，继续给你们上课，我可是真正的简洁派哟！

我们已经知道了大脑、下丘脑、小脑这3个部分，组成脑的还有脑干和脑垂体。脑干调节基本的生命功能，如你的心跳、呼吸、吞咽等；而脑垂体会影响你的生长和发育。要是你长得太高或者太矮，可能就是脑垂体生病了。

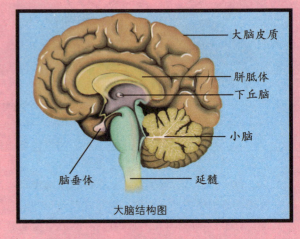

大脑结构图

五官争功

眼睛说

　　我是最重要的，人们都说我是他们心灵的窗户呢。我把光投射到对光敏感的视网膜成像，在那里，光线被接受并转换成信号，通过视神经传递到脑部。

　　我的组成结构也是相当复杂的，从外表上看，人们能看到眼白、眼球和上下眼睑。眼睑保护着我，是最称职的保镖。我的内部结构更加复杂，仅眼球就包括晶状体、巩膜、虹膜、角膜等部分。当光线从透明的角膜经过，就会进入瞳孔，虹膜根

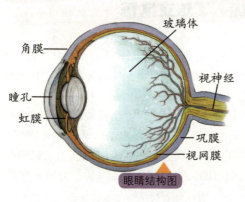

眼睛结构图

据光线的强弱，调节瞳孔的大小，最后光线到达晶状体，然后投射到眼球后面的视网膜上面，视网膜上面约 1.3 亿个对光线敏感的细胞接受了这些光线后，会把图像变成电冲动，通过视神经传达给大脑。其实，我看到的图像是倒立的，不过聪明的大脑会把这些图像再次倒转成正的。你是不是感觉看东西是特别复杂的一件事，不过，灵敏的我可是能瞬间完成这些动作的呀。

耳朵有点儿不服气了

　　难道就你最重要吗？我同样很重要。要知道，没有我，人类将什么也听不见。我是一台接收器，能接收空气中的声波；我还是声波的破解器，将声波翻译成电波传达给大脑；同时，我还有一个很重要的功能，能保持人体的平衡。当空气中的声波通过外耳道，到达鼓膜时，鼓膜就会振动，并将声波传入内耳，内耳中有个充满了液体的细小组织，它因为长得像蜗牛，所以有一个很好听的名

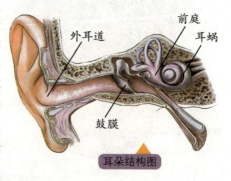

耳朵结构图

字——耳蜗，耳蜗中还有数以万计的刚毛，就是通过这些刚毛，讯息被传达至脑部。虽然从外形上面看，我很简单，但是我的内部特别复杂！

鼻子按捺不住了

当然，你们说的都有道理，但是人类要是离开了我，那也是不行的。我的功能也不简单呢，我是呼吸道的起始部分，能净化吸入的空气并调节其温度和湿度。我是最重要的嗅觉器官，我还可辅助发音，是不是很厉害呢。

当空气分子进入鼻孔后，就会触发我内部的细胞膜，然后细胞就会把神经冲动传到嗅球上面，神奇的嗅球会自动把这些神经冲动分类，并通过嗅觉神经传送到脑部。我能分清大约4000种味道，很神奇吧？

嘴巴、舌头也加入了这支队伍

嘴巴是整个脸部运动范围最大、最富有表情变化的部位，是吞咽和说话的重要器官之一，也是构成面部美的重要因素之一，可产生丰富的表情。

舌头是产生味觉的主要器官。当食物进入嘴里，舌头上的味蕾就能立刻分辨出不同的味道。舌头上大约有1万个味蕾，但是你们不一定看得见它们。舌头上突起的物体叫作乳头，它们帮助舌头控制食物，味蕾主要就长在乳头的顶端和边缘。

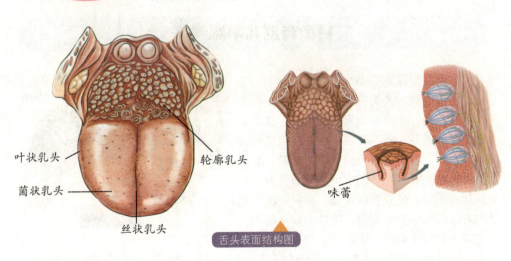

叶状乳头
轮廓乳头
菌状乳头
丝状乳头
味蕾

舌头表面结构图

皮肤——阻隔，感觉，人体工厂的第一道防线

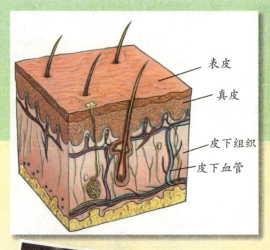

表皮

真皮

皮下组织

皮下血管

看起来并不起眼儿的皮肤，实际上却是人体最大的器官，它至少占据人体15%的重量。这在你看来也许是有点儿不可思议了，不过，这就是事实。

皮肤是人体的第一道防线，非常敏感，它会在第一时间告诉你冷热、尖钝、疼痒等感觉，让你迅速反应过来，远离危险；皮肤调节着人体的温度，同时还要保持人体内脏的湿度；它还能在阳光作用下合成维生素D。

人体的皮肤颜色各不一样，这主要是取决于黑色素含量的多少。黑色素能保护皮肤免受阳光的伤害，所以在炎热的地方人的皮肤内就含有较多的黑色素，看起来就很黑。

黑色素的含量决定了人类皮肤的颜色

皮肤虽然很薄，但是组织很精密。最外面的是表皮，表皮下面是真皮，再下面一层是皮下组织。表皮细胞会不断脱落，仅仅在1分钟之内，表皮脱落的细胞就达3万～4万个。不过无须担心，身体正在源源不断地产生新的细胞。真皮层比较厚，有弹性，但它的恢复能力不如表皮。

表皮脱落的细胞是螨虫的最爱

手的"平反报告"

手，无性别，年龄和主人年龄一样，身体的常住居民，因长期不太受主人的关注，特意写此报告，以期得到一定的关注和爱护。下面将详细列举手的"丰功伟绩"，请大家认真听取，并引起重视。

手是人体最有特色的器官之一

科学家认为，手是使人能够具有高度智慧的三大重要器官之一。除了手，其余两个器官分别是可以感受到三维空间的眼睛和能够处理信息的大脑。在大约 400 万年的进化史中，人类的手逐渐演变成了大自然所能创造出的最完美的工具。

手的灵敏性是众所周知的

在哺乳动物中，人类的手独一无二。大拇指同其他 4 根手指相对的结构是人手所具有的最大的优越性。许多类人猿可以将自己的拇指和食指对合，但不能将拇指与中指、无名指以及小指对合，因为它们的手指不够柔韧。只有人类，可以自如地运用自己的手指，这是人类文化和科技进步的关键。

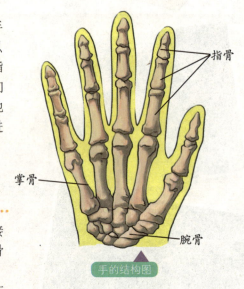

手的结构图

手的结构精密，合作默契

手有 54 块骨头，通过肌肉和韧带连接在一起。手部的骨骼由腕骨、掌骨、指骨组成。腕骨比较细小，有点儿像鹅卵石；而覆盖在手掌上，使手掌如同扇子般分布的就是掌骨；指骨简而言之就是指头上的骨头。除了拇指是 2 根指骨外，其他手指都有 3 根指骨。中间三指使用时间长、频率高，所以相对较长，拇指和小指就比较短。它们分工十分明确，各司其责，但是同时，它们也相互合作，5 根手指少了谁都不行。

好好爱你的"臭"脚

1 人人都有一双"臭"脚

抖抖你的袜子！哎呀，是不是闻到一股让你觉得不好意思的味道？不要脸红，不管谁脱下鞋，都会有点儿味道的，不过，这有可能是因为你一个星期没有洗脚了。在全面介绍脚这个小怪物之前，咱们先得解决掉这个重大的难题——有什么办法阻止脚发臭？有着"臭脚"的同学们必须听好了：

脚心汗腺多，容易出汗，而汗液里除含水分、盐分外，还含有乳酸及尿素。在多汗条件下，脚上的细菌大量繁殖并分解角质蛋白，再加上汗液中的尿素、乳酸，就会发出一种臭味。不过，只要你讲卫生，每天坚持洗脚，勤换袜子，估计脚臭的毛病很快就会远离你的。记住，对抗脚臭的绝招——讲卫生！

2 操劳的脚丫子

现代人一生之中，双脚平均触地次数超过 1000 万次。双脚具有惊人的承重能力，一个体重为 50 千克的人，双脚每日累积承受的总压力在几百吨左右。双脚能够做出无数惊险、灵活的动作，可以说是双脚承担了你的人生。正是因为脚有这么大的负重，脚底汗腺分泌的汗才多。而且穿着鞋子，脚长期处于一个密闭的空间里，空气不易流通，味道不易扩散，臭臭的味道自然而然就形成了。

3 "惊艳"的双脚

你的眼睛没有出任何问题，是的，我们这个标题就是这样，现在我们为你揭开脚的神秘面纱吧。

生理学家曾经大呼："这简直是解剖学上的奇迹！"你没有猜错，"这"就是指你的脚。人的每只脚上有 26 块骨头，33 个关节，20 块大小不同的肌肉，114 条韧带，以及无数灵敏的神经与丰富的血管，存在着几乎所有人体内脏器官的反射区。足底连接着人体的 12 条经络中最为重要的 6 条。足底处在人体末端，因远离心脏而易供血不足，故反复刺激按摩足底可促进血液循环，加强人体心脏泵的作用。故此，脚又被称为人的"第二心脏"。

现在，你是否对自己的双脚刮目相看了？要好好爱护自己的双脚哟，它们可是你的大功臣。

多余的毛发

人的身体总共有大约 300 万根毛发，它们大部分很细小，没有一双锐利的眼睛，是无法全部发现它们的，要是把你的胳膊放到显微镜下仔细观察一下，相信你一定会起一身鸡皮疙瘩——好吧，你应该是被"鸡皮疙瘩"吓得起鸡皮疙瘩的。

"寸草不生"的地方

猜猜，你身体上总共有多少根毛发（不仅仅指你的头发）？要回答这个问题，你首先需要弄清楚，你的身体哪儿没有毛发覆盖。嘴唇？恭喜，终于有人发现了没被毛发侵占的"新大陆"。手掌心？好吧，聪明的你总是出乎我的意料！哈哈，还有脚掌心。剩下的地方，你们可以自己再探索探索，总会有新发现等着你们的。

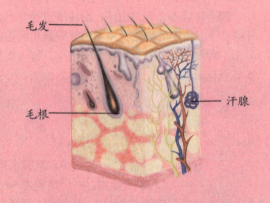

毛发————
汗腺
毛根————

"麻木"的头发

先说说头发吧。头发没有神经，没有血管、细胞，它们其实挺麻木的。但是，它们可是长在敏感的头皮上的。头发除了增加美感这一使命外，主要作用是保护头脑。头发夏天防晒，冬天御寒，细软蓬松的头发因为具有弹性，可以抵挡较轻的碰撞，还可以帮助头部蒸发汗液。这些功能自动开启，全年无休，勤勤恳恳，兢兢业业，所以头发实在值得我们表扬。

鸡皮疙瘩在尖叫

当人感到寒冷或者害怕时，身上会起一层鸡皮疙瘩。这是因为在每根汗毛的下面都有一小块肌肉，叫作竖毛肌肉，当它们收缩时，皮肤表面就会凸现一个个小隆起，同时，上面的汗毛也会竖起来。你不必因此感到惊讶，因为动物——比如猫——也会这样。当猫惊惧害怕的时候，身体上的毛发就会竖立起来，这样它们看起来就会高大点儿，这种"自欺欺猫"的架势俗称炸毛！说不定"炸毛"这个词就是从"炸猫"——爆炸的猫演化而来的。

第二节
人体这座大工厂

这一天早晨，工厂的大门开启，工人们进入工厂，接上电源，所有机器启动，纷纷投入生产，新的一天开始了！

你知道吗？其实你的身体也是一座大工厂，你知道人体中的各个器官是如何运作的吗？下面让我们一起去体验一下吧！

心脏——收缩，循环，工厂的能量泵

泵是一种机械，用以增加液体或气体的压力，使之流动。而心脏可以说是人体的泵，是它把血液输送到身体各个部分的。

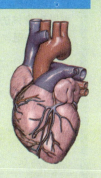

当你还是个胚胎，才 1～2 厘米长的时候，心脏就已经在你的体内跳动了。虽然就体积而言，心脏的确只能算是一个小个子，但是这个小个子蕴藏的力量不容小觑。它收缩一次所产生的力，能将水柱推高到 1.8 米。当一个人在安静状态下，心脏每分钟约跳 70 次，每次泵血约 70 毫升，以此推算，心脏每分钟约泵 5 升血，一天之内它的泵血量约为 7200 升，一个人的一生，其心脏泵血所做的功，大约相当于将 3 万千克重的物体向上举到喜马拉雅山顶峰所做的功。心脏肌肉非常有力，它每小时发出的力量能将 1350 千克的重物提升至 0.3 米处。这么庞大的数据是不是令你叹赏不绝？你是不是迫不及待地想要深入了解一下它？现在它就要隆重出场了。

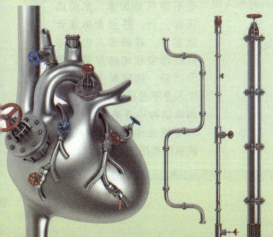

心脏是工厂的总泵

心脏的小档案

姓名：心脏。

年龄：伴随人的一生，人死亡，它停止跳动。

体重：一般成年人的心脏才 300 克，大约只占人体重的 0.5%。

性格：非常稳重（如果它不稳重，很可能会给人带来灾难）。

在成人安静的状态下，心脏大约每分钟跳动 70 次，如果你运动得比较剧烈，它甚至会每分钟跳动 200 次。小孩子的心脏跳动比成人快，新生儿每分钟 120 次，甚至能达到每分钟 150 次，像你们这些小学生，心跳大概在每分钟 80 ～ 100 次。心脏平时跳动很有规律，如果它突然跳得比较快或者慢，那你可要当心了。

功能：这是个必须要详细说明的部分，要不然我们的心脏会有点儿不高兴。首先，它有泵血的功能，这是众所周知的。心脏这个"泵"由 4 个部分组成，左右被隔膜分成两个部分，每个部分又分为上下腔，上边是心房，下边是心室。心脏的右边收集从静脉流回的血液，然后将血液通过肺动脉，泵到肺部。被泵到肺部的血，会充满氧气，这些"新鲜"的血液会被肺部静脉输送到心脏的左边，再通过主动脉，被送到身体的各个部分。一口气读完这一段，你一定要大口呼吸一下，这样心脏会把新鲜的氧气输送到脑部。

辅助功能：心脏有一个你绝对想不到的辅助功能——测谎！测谎仪就是根据心脏的工作原理设计的。工作人员把测谎仪绑在被测量的人的胸前，并在他手臂上套上血压仪，然后测试人员接二连三地发问，当被测量人说谎时，心跳就会毫不客气地加速，然后血压会上升，甚至身体都开始冒汗。被测谎人的身体特征都会在电脑屏幕上显示出来，这样就能知道一个人是不是在说谎。当然，测谎仪并不是绝对准确的，对于专业训练过的人它可能就没有用了。

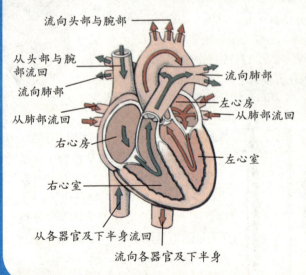

心脏在人体的位置

流向头部与腕部

从头部与腕部流回

流向肺部

流向肺部

从肺部流回

左心房

从肺部流回

右心房

左心室

右心室

从各器官及下半身流回

流向各器官及下半身

肺——呼气，吸气，输送新鲜能量

要是说心脏是人体这座工厂的总泵，那么肺就是加工、运送新鲜血液的机器。

你会不由自主地呼吸，这是一种本能。你一定会问：呼吸和肺有什么关系？其实，在整个呼吸系统中，肺是最关键的器官。在你的胸腔，被肋骨、脊柱、胸骨这三大保镖一起保护着的器官就是肺。瞧瞧有这么多保镖，你就知道它其实是多么脆弱、多么重要。

肺呈微红色，像海绵一般地被长在它下面的一块叫作横膈膜的肌肉托着，在众多保护者的围绕下，它正孜孜不倦地运作着。空气通过口、鼻、喉，进入到气管。气管在最末端分为了两支，就是人们所说的支气管，空气在此分流——一部分进入左肺，一部分进入右肺。

支气管再次"变身"，它化身为很多很多细如发丝的细支气管，支气管和细支气管要是被单独解剖出来，看起来就像是一棵美丽的树。细支气管的末端有一簇气囊，就像一串葡萄一样，这就是肺泡。

氧气进入肺泡，再进入毛细血管，然后通过血液运送至人体各处。同时，肺泡又接受回收物——二氧化碳，然后在人呼吸的时候，把它排到体外。

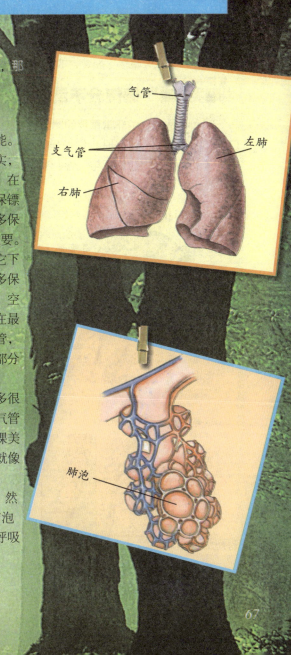

气管
支气管
左肺
右肺

肺泡

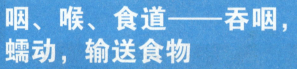

咽、喉、食道——吞咽，蠕动，输送食物

"咽""喉"傻傻分不清楚

咽和喉是人体中非常重要的"螺丝钉"，咽、喉是两个不同的器官。咽分鼻咽、口咽和喉咽三部分。平时我们张开嘴巴能看见的那一部分就是口咽。喉位于颈前部中央，上与喉咽相通，下与气管、支气管和肺相接。

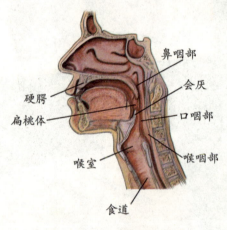

鼻咽部
会厌
硬腭
扁桃体
口咽部
喉咽部
喉室
食道

合作默契的小伙伴们

咽、喉、食道是人类消化系统的前段。当我们进食的时候，食物经过咀嚼，变成了食团。当食团接触舌根及咽部黏膜时，咽喉的器官立刻默契合作起来：软腭提升起来，封住通往鼻腔的通道，呼吸暂停，声门紧闭，会厌将气管覆盖，防止食物进入肺部，喉部上提，梨状窝开放，食团越过会厌进入食道。

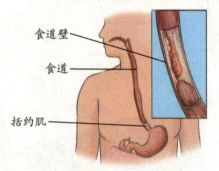

食道壁
食道
括约肌

"智能"食道

食道是一条由肌肉组成的中空通道，在最尾端与胃相接的地方有一块括约肌确保胃酸不会逆流至食道中。食道在平时呈现扁平状，当有食物通过时便会扩张。当食物进入食道后，食道壁的肌肉像波浪般蠕动，将食物推入胃中，此外，食道还会分泌一种黏液，让食物可以轻松地通过。

肠胃——消化食物，吸收营养

　　仔细观察一下"胃"这个字，它是由"月""田"构成的。在古语中"月"指代肉，"胃"字即表明胃是身体里的田。中国自古就是农业大国，"田"是古代劳动人民最珍惜的东西，而在他们看来，胃在身体中就占据这样一个重要的地位。

胃是身体的转化器

　　我们首先来认识一下这个"转化器"。它是消化管最膨大的部分，上连食管，下连十二指肠。胃分上下口，大小2弯和前后2壁，共分为4部分。胃的上口称贲门，接食管，下口称幽门，通十二指肠。胃小弯，相当于胃的右上缘，自贲门延伸到幽门。胃大弯从起始处呈弧形凸向左上方，形成胃底的上界。胃的大小和形态并不一定，因充盈程度、体位以及人体体型等状况的不同而不同。一般说来，成年人的胃在中度充盈时，平均长度为 25 ～ 30 厘米，胃容量约 1500 毫升，当然，它还可以更大。

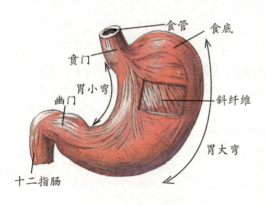

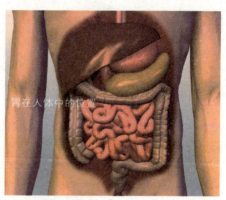

胃在人体中的位置

转化器工作"进行曲"

　　原始材料进入到胃部以后，胃会不停地舒张和收缩，让胃里的东西充分地搅拌和混合。然后，胃自动分泌胃液，胃液中的酶、盐酸等物质对食物进行分解和除菌。千万不要小瞧了这些胃液，尤其是盐酸，它具有很强的溶解性，甚至金属都难逃它的"铁手"。当然，你要是担心它会把你的胃也溶解掉，那证明你还不够了解你的胃，

你得知道，胃壁的黏膜层会很好地保护胃壁，使其免受胃液的伤害。胃壁共分4层，自内由外依次为黏膜层、黏膜下层、肌层和浆膜层。

食物消化进程

进入到胃部4～6个小时后，食物就会被消化，变成像牛奶一般的稠状物，这时候，胃底部的幽门括约肌就会打开，然后将食物慢慢推送至小肠。幽门括约肌限制每次排出食物的量，防止十二指肠的物质逆流入胃。一般水只需10分钟就能从胃排空，糖类食物需2小时以上，蛋白质排空较慢，脂肪更慢，混合性食物则需4～6小时。

消化系统的最后两站

胃里的食物一旦进入小肠，就会被分解。由原先的食糜变成黏稠的像泡沫一般的糊状物。小肠吸收食物里面的营养物质，并把这些营养物质运送到身体的各个部分。营养物质大部分被吸收后，剩余的残渣废弃物就会被排放到大肠。大肠接替小肠的工作，主要吸收还未消化的食物中的水分，然后储存这些残渣，最终将其排泄出去。

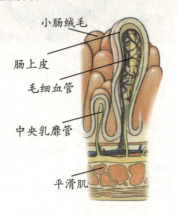

小肠绒毛
肠上皮
毛细血管
中央乳糜管
平滑肌

环形皱襞

小肠很关键

　　小肠是吸收营养物质的关键器官。虽然小肠这个名称可能会让你误会它的功能，但实际在人体中，小肠是一个肩负重任的巨大器官。小肠全长 3 ~ 5 米，约是大肠的 4 倍，直径 3 ~ 6 厘米。小肠发挥作用的关键是小肠黏膜有许多环形皱褶和大量的绒毛。这些绒毛的表面又有许多细小的突起——微绒毛，每根小肠绒毛上面大约有 1000 ~ 3000 根微绒毛。正是这些绒毛使小肠黏膜的表面积增加了 600 倍，达到 200 平方米左右。表面积越大，吸收的越多。小肠的巨大吸收面积，使营养物质能快速被吸收，再进入血液。如果我们的小肠是平滑的，要在几个小时内把营养物质吸收完，就需要延长它的长度。你知道我们需要延长多长才能有现在的吸收效率吗？

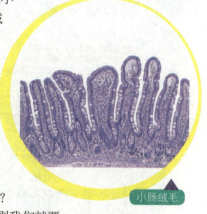

小肠绒毛

3.5 千米！这个数字很吓人，感谢这些绒毛，否则我们就要长着几千米长的小肠了，那可真成了怪物了。

为"臭名昭著"的大肠平反

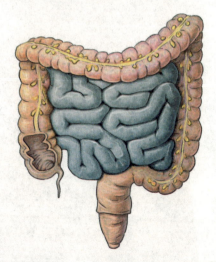

　　看过小肠的"丰功伟绩"，你或许觉得大肠没什么了不起的，它顶多就是个"臭名昭著"的"囤粪池"。不！大肠是人体消化系统的重要组成部分，大肠能进一步吸收消化物中的水分、电解质和其他物质（如氨、胆汁酸等），形成、贮存和排泄粪便。大肠还有一定的分泌功能，能保护黏膜和润滑粪便，使粪便易于下行，保护肠壁，防止机械损伤，免遭细菌侵蚀。

　　同时，由于大肠内的酸碱度和温度对一般细菌的繁殖极为适宜，故细菌在此大量繁殖，在大肠内部一共有 700 多种有着不同的功能的细菌。这些细菌有好有坏，大肠所吸收的部分营养物质就产自在大肠内部生活的细菌，如维生素 K 和生物素等。大肠内的细菌还会参与到一些抗体的生产过程中。

肝——合成，分解，新陈代谢的枢纽

它算是个大个子

在某些情况下，肝脏甚至可以说是最大的器官。肝脏是最大的器官？你一定会努力地去查找，证明我这个观点是错误的。你查到的结果是——人体最大的器官是皮肤！对，你的怀疑确实是对的，因为肝脏确实不是人体最大的器官，但是千真万确，它是人体内最大的内脏器官，重约 1~2.5 千克。

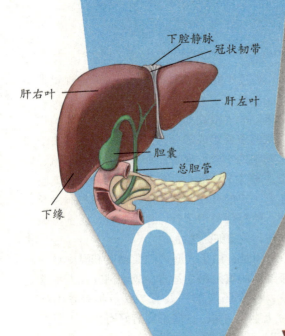

下腔静脉
冠状韧带
肝右叶
肝左叶
胆囊
总胆管
下缘

01

02

肝脏和血液关系很铁

骨髓能制造、储存血液，心脏是血液的总调动指挥官，肝脏和血液又有什么关系呢？

其实，肝脏和血液的关系大着呢！可以说肝脏是所有腹腔器官中唯一有双重血液供应的器官。肝脏血液供应非常丰富，肝脏的血容量相当于人体总量的 14%。成人肝每分钟血流量有 1500～2000 毫升。肝接受大约 1/4 的心脏出血量。肝的血管分入肝血管和出肝血管两组，入肝血管包括肝动脉和肝门静脉；出肝血管是肝静脉系。

肝脏血液有 1/4 来自肝动脉，来自心脏的动脉血输入肝脏，主要供给氧气，因此肝动脉是肝脏的营养血管，内含丰富的氧和营养物质，保证肝脏的物质代谢。肝脏血液有 3/4 来自门静脉，门静脉是肝的机能血管，其血液富含来自消化道及胰腺的营养物质，被肝细胞吸收，再经肝细胞加工，一部分排入血液供机体利用，其余暂时贮存在肝细胞内，以备需要时利用。

肝脏很"忙"

肝脏是人体内的袖珍化学工厂。它能过滤有害物质，参与蛋白质、脂肪、维生素的代谢。肝脏还参与胰岛素的生成，生产血小板生成素，以促进血小板的生成，还分泌胆汁，分解胰岛素和其他激素……不要一项一项数了，要知道，你一时半会儿可数不清，因为你的肝脏能为人体完成 500 多项重要的任务！

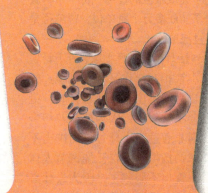

03

04

神奇技能"秒杀"其他器官

作为一个非常重要的器官，肝脏还拥有一项神奇的技能——它是人体内唯一能再生的器官，即使正常肝细胞低于 25%，仍可再生成正常肝脏；即使你的肝脏被切除了 90%，剩下的 10% 也能担负起整个肝脏的功能。这么说，并不意味着你可以使劲糟蹋肝脏，它同样很脆弱。酗酒、熬夜都是肝脏的头等杀手。

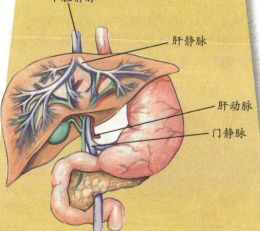

下腔静脉

肝静脉

肝动脉

门静脉

肾——过滤，代谢，去粗存精

长相像蚕豆

想要知道自己的肾大概长成什么样子，这是一件很简单的事情。你拿出一颗蚕豆来仔细观察一下就行。人的肾就像蚕豆的样子，不过形体比蚕豆大多了，而且有两个，它们每个大概有拳头大小，长在腰的两侧，共重约 200 克。

功能不简单

肾脏最大的功能就是过滤血液中的废物。也许就在你读这一段文字时，你全身的 1/4 血液就流过了肾脏。正常肾脏每天最多可过滤 15 ～ 20 升血液。那么为什么血液要不停地经过肾脏呢？简单说来，血液经过肾脏主要就是过滤，把有用的物质和无用的物质分离开来，然后再通过输尿管把无用的物质排出去。这些无用的物质就是尿液。血液中大概有 99% 的物质会被回收，1% 的物质会被排出，所以正常人排出的尿液一天大概 1500 毫升。

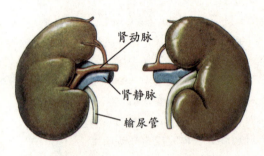

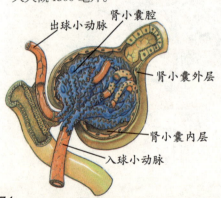

结构很复杂

我们的肾脏个头虽小，却承受着巨大的工作量。为了完成艰巨的任务，每一个肾脏里面都包含了 100 多万个肾单位，肾单位是细小的血液过滤单位。

肾单位包括肾小囊、肾小球、肾小管。肾小球和肾小管相互合作又相互竞争：当肾小管沾沾自喜能排出药物及毒物时，肾小球立刻就要不服气了，因为药物若与蛋白质结合，则非通过肾小球过滤而排出不可；当肾小球扬扬得意于自己能调节人体体液时，肾小管也不服气了，因为人体必需的钠、钾、钙、镁等大部分营养物质的回收是在它那儿进行的（它一定不愿意让别人知道这些电解质本身是出自肾小球的滤液中的）……不过无论如何，它们的分工、合作是十分默契的。

总而言之，肾脏能调节体液、分泌内分泌激素，以维持体内环境稳定，使新陈代谢正常进行。肾脏要是生病了，血液中的有害物质无法过滤，就会引发疾病，可能会出现人体发育异常、水肿、免疫系统的破坏等，甚至可导致人的死亡。

骨骼——支撑，保护，建构人体工厂

"多功能"骨骼

　　人体这座工厂，内部构造神秘而精密，其中的复杂我们已探知一二。但是，即使构造再精细的内部工厂，若没有外部支撑，也无法正常运行。人体这座工厂的支撑者，当之无愧的就是骨骼。骨骼还能保护内部器官，想想要是没有坚硬的颅骨、紧密的肋骨，我们的头部和胸腔器官肯定一击即碎。骨骼也维持着我们的体态，大家可千万不要变成"软骨头"；人体的运动也离不开骨骼……"五大三粗"的骨头，不仅仅只干重活儿，它同样能干精细活儿，比如说造血，这是长骨的骨髓的功劳；骨骼还是一个很好的贮存器，能贮存钙和磷。

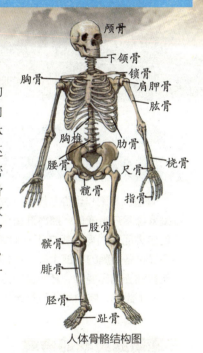

人体骨骼结构图

骨骼"七十二变"

　　人体骨骼的数量随着身体的变化而变化。一般情况下，新生儿有 305 块骨头，而儿童大多有 213 块骨头，成人有 206 块骨头。数量减少并不意味着骨头随着人体的生长而丢失了，只是愈合在一起了。比如头骨会随年纪增长而愈合；儿童的尾骨有 4 ~ 5 块，长大后就合成了 1 块……

　　骨骼的重量也是随着身体的发育而变化的。成年人骨骼的重量约为体重的 1/5，刚出生的婴儿骨骼重量大约只有体重的 1/7。

　　骨骼的韧性也随着身体的变化而变化。儿童及少年的骨头有机物的含量比无机物多，所以骨头的柔韧度及可塑性比较高。而老年人的骨头，无机物的含量多，硬度较高，所以容易折断。

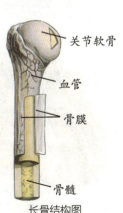

长骨结构图

第三节
了不起的身体

身体结构精密，分工合理，是人类适应自然的最佳产物。身体还有哪些了不起的地方呢？我们继续了解。

强大的免疫系统

准备战斗吧！当你从母体"脱落"，身体的免疫系统就开始戒备，随时准备保护你的身体。它们自外而内为身体组成了一道道防线。正是因为有了这些英勇的"战士"，我们才能生活在充斥着无数细菌的环境中，还能健康地活着。现在我们来认识一下组成人体自身免疫系统的三大防线吧。

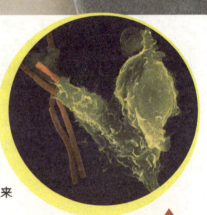

一个中性粒细胞（黄色），吞噬了炭疽热细菌（橙色）。

三道防线组成的屏障

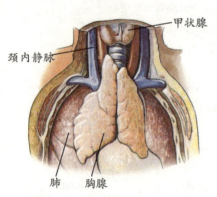

甲状腺

颈内静脉

肺　胸腺

皮肤和黏膜是人体的第一道防线。它们不仅能够阻挡病原体侵入人体，而且它们的分泌物（如乳酸、脂肪酸、胃酸和酶等）还有杀菌的作用。如果病菌突破了第一道防线，第二道防线——体液中的杀菌物质和吞噬细胞，第三道防线——免疫器官（胸腺、淋巴结和脾脏等）和免疫细胞（淋巴细胞等）立刻就开始准备起来。它们以若干活跃的细胞军团为代表，与入侵者展开激烈地战斗。这些活跃的细胞军团就是我们常说的白细胞军团。一旦病原体入侵身体，白细胞就会向它们发起进攻。

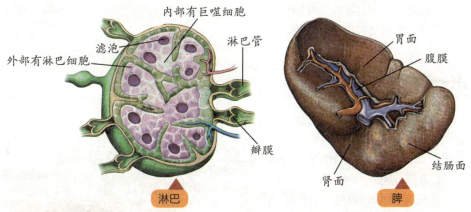

内部有巨噬细胞

滤泡

淋巴管

外部有淋巴细胞

瓣膜

淋巴

胃面

腹膜

肾面

结肠面

脾

进攻的勇士们

白细胞军团的进攻先锋就是巨噬细胞。巨噬细胞不停地在人体内"巡逻"，一旦发现有危险就立刻上前去吞噬那些细菌，并在战斗的过程中，向身体发出求救信号。这时候，被派来支援巨噬细胞的就是 T 细胞和 B 细胞。T 细胞负责清理破坏人体内受感染的细胞，而 B 细胞则产生抗体，向入侵的病原体发起进攻。

1. 病原体 2. 吞噬体 3. 溶酶体 4. 废料 5. 细胞质 6. 细胞膜
巨噬细胞摄取病原体之步骤：a. 透过吞噬细胞摄取病原体，形成一吞噬体 b. 溶酶体融入吞噬体并形成吞解体，病原体被酶分解 c. 废料被排出或同化

B 细胞"抗敌"记

B 细胞产生的抗体种类有 100 多万种。当 B 细胞锁定病原体后就开始大量分裂，当分裂出足够多的 B 细胞后，大部分就停止分裂，变为血浆细胞。这些血浆细胞可以自由活动，不需要依附 B 细胞。这些血浆细胞碰到病原体，就立刻随着病原体的形状而改变自己的形状，以便更好地抓住它们，让巨噬细胞来杀死它们。还在继续分裂的 B 细胞有很好

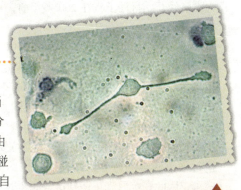

一个位于老鼠体内的巨噬细胞，正在延伸其假足，以吞没两粒可能是病原体的颗粒

的"记忆力"，一旦发现同样的病原体，它们立即释放出相对应的抗体，所以人体对曾经患过的疾病会有免疫的作用。

进一步了解它们

读到这儿，你是不是感到很新奇？你是不是很感谢我们的白细胞军团？那么你知道它们都是出自哪儿，住在哪儿吗？

黏膜相关淋巴组织

首先是我们的骨髓。骨髓是各类血细胞和免疫细胞生成及成熟的场所，也是 B 细胞分化成熟的场所。

其次，我们可以认识一下神秘的胸腺。胸腺位于胸骨后、心脏的

上方，胸腺是杀手细胞——T 细胞分化、发育和成熟的场所。人胸腺的大小和结构随年龄的不同具有明显的差异。胸腺于胚胎 20 周发育成熟，是生成最早的免疫器官，到出生时胸腺约重 15 ～ 20 克，以后逐渐增大，至青春期可达 30 ～ 40 克，青春期后，胸腺随年龄增长而逐渐萎缩，到老年时基本被脂肪组织取代，胸腺逐渐萎缩，功能衰退，细胞免疫力下降，对感染和肿瘤的监视功能减低。

接种——让"卫士们"如虎添翼

啊！身体的卫士们太伟大了！那么是不是有什么办法让这些卫士更加强大呢？人类已经开始行动了！在 200 多年前，一项伟大的技术——接种，随着天花的肆虐而推广开来。

接种是人类从外部注射疫苗使体内产生抗体的预防疾病方法。疫苗其实也是病毒，但它们或者已经死去，或者被消减了效果，不会致命。但是我们身体的防疫系统却会"误会"，以为身体正在遭遇病毒的进攻，免疫系统会立刻执行消灭病毒的命令，并长期记住这些病毒，因此在今后真正遇到这些病毒时就能快速地将其制伏。

身体使用指导手册——一天行程安排好

身体需要我们精心地"维护"，只有这样才能使用长久。千万不要过度使用，要知道身体的很多"零件"都是一次性的，坏了就没有办法再使用了。

首先，你要按时起床

当光线照射进屋子，大脑就会感受到那些跳跃在眼皮上的光线，然后立刻作出反应。它会通知你赶紧起床。起床后，你可以喝一杯水，这会让你的身体更快地醒过来，还有利于你早上的排便。早上的排便是必需的。因为经过一晚上的睡眠，你的膀胱可能已经蓄积了 400 ~ 500 毫升的尿液，如果不排出去，对膀胱是一个很大的负担。

然后，你要去洗漱

接下来，你有可能会选择洗一个澡，好把身体上的细菌和汗液去掉。但是最重要的是：你必须刷牙。要知道虽然你的牙齿看来是整整齐齐的，但是实际上它们却是凹凸不平的。所以食物的残渣和细菌很容易残留在牙齿上。晚上睡觉，唾液分泌较少，不能及时杀灭细菌，这些细菌、残渣和口腔的黏液混合会形成酸，它们会侵蚀牙齿，最后很可能在牙齿上面留个洞。还有，最重要的是，你的嘴巴会变得臭烘烘的。

当然，你要赶紧补充能量

早餐很重要

也许你也知道早餐是多么重要，但你往往在匆匆背上书包的那一刻，就忘记吃早餐了。你知道吗？要是不吃早餐，刚刚从睡眠中醒来的脑子还处于虚弱

的状态，没有及时补充它需要的能量，它就无法快速而清醒地运转起来，你整个人都很难提起精神。

🔔 出门的时候，你要保持身体的温度

当外面比较冷的时候，你需要穿上厚厚的棉衣保暖。因为人体正常的体温在 36.3℃ ~ 37.2℃ 之间，过高或过低都是不正常的。当然，你不需要担心如何感知冷暖，你的身体会及时反馈给你，你立即就会感觉到冷、热。

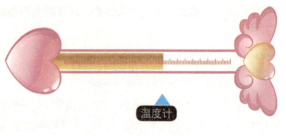

温度计

🔔 中餐、晚餐——及时为身体补充能量

补充能量也有讲究。每人每日的烹调油摄入量在 25 克为宜，烹调时最好用植物油，因为植物油中对心脏有益的不饱和脂肪酸较多。每天食盐量不宜超过 6 克，其中还应包括酱油、腌菜、咸蛋等的含盐量。每天吃蔬菜 400 ~ 500 克，蔬菜中含有各种维生素、矿物质、纤维素，热量还很低。每天喝水 1500 毫升以上，口不渴也要喝水，不要一次大量喝水，应喝白开水或清茶，不要用含糖饮料代替水……还有，千万不要偏食呀！

🔔 最后，好好睡一觉

等你忙忙碌碌一天后，感觉自己的眼皮越来越重，还不停地打哈欠，这是你的身体在提醒你，它需要进入"关机"状态——好好睡一觉。进入睡眠状态后，我们的肌肉松弛下来，呼吸和心率放慢，血压下降，体温甚至也下降。

睡眠对身体很重要

人体所需的睡眠时间是不固定的，婴儿每天需 14 个小时以上的睡眠，成人需 7 ~ 8 个小时，而老人每天睡 6 个小时就够了。

第四章

有趣的动物世界

动物是人类的朋友，它们出现在我们生活中的每一个角落，给我们带来欢乐、提供帮助，当然偶尔也会带来点儿小麻烦。那么，你真的认识它们吗？今天让我们走进演播室，透过镜头去看看这些小家伙们，大家一块儿来吧！

第一节
综艺频道——
关注动物的精彩生活

动物生活十分精彩。它们有的身怀绝技，有的聪明异常，有的耐性十足……走，一起去瞧瞧！

"百变动物秀"
——认识一下变脸高手

川剧里面有一门绝技——变脸，演员只要转个身就能换一张脸，这门绝技总是能赢得满堂喝彩。不过，你看，下面这些家伙可对此非常不屑！这样的变脸在它们看来就是小儿科……

变色龙

🔔 镜头一："变脸界"的一代宗师

现在在你看到的是一只变色龙，此刻它全身绿油油的，趴在绿油油的草地上，你非得仔细看，才能看清它的模样。它渐渐地往前爬，前面是一堆枯黄的落叶，我们的镜头继续跟进——你一定以为这下能清楚地看见它了！

不，它已经把自己变成枯黄色。这神奇的本领是不是让你啧啧称奇？

变色龙，学名避役，是蜥蜴类的一种，以捕食昆虫为生，因"善变色"的特点而闻名于世。变色龙的皮肤会随着温度的变化和心情的改变而变换颜色。如果天敌来犯或接近猎物时，它们也会伪装自己，将自己融入周围的环境之中，让你无法发现。

变色龙之所以会变色，是因为其皮肤的细

变色龙的皮肤含有色素

胞里含有 4 种色素：红、黄、褐、绿。当受到外界刺激后，神经系统开始调控皮肤里的色素细胞。比如，外界是绿色的，皮肤中的绿色素受到刺激，就立刻像树枝一样伸展开，布满整个细胞，同时，其余 3 种色素就收缩成为微细的个点。这时候，皮肤就变成了绿色。

蜥蜴

镜头二：聪明的章鱼 "七十二变"

　　嘿，现在我们已经来到了海底。跟随着我们的镜头，你会看到一只大家伙朝你游了过来！那只大家伙是只大章鱼。千万别小看它了，它同样会变色哟！在海底，遇到石头它能模仿石头的颜色，遇见珊瑚它能模仿珊瑚的颜色，也许它就在你身边你也看不出来。最厉害的是，它能一次变 6 种颜色哟！说一个让你目瞪口呆的例子吧：一位美国科学家把章鱼放在报纸上进行解剖。然后，他惊奇地发现这个家伙，竟然把自己的身体变成像报纸一样，一条黑一条白，黑的是字，白的是空行。它变色的原理和变色龙也差不多。所以你瞧，它有不屑我们变脸技术的资本。

　　章鱼属于软体动物。章鱼有 3 个心脏，8 条腕足，每条腕足有 240 个吸盘，它的战斗力可见一斑。除此之外，它还能喷射 "墨汁"，有些章鱼可连续喷射 6 次，这些 "墨汁" 既能干扰敌人，还含有麻痹敌人的毒素。同时，章鱼具有发达的大脑。将食物放在一个有盖的玻璃瓶子内，章鱼会懂得要打开瓶盖进食。

你看到的不是石头，而是大蓝圈章鱼

镜头三：随着季节变变色

雷鸟

　　现在，跟着我们前往一个遥远的地方。是北极，还是黑龙江？我们要去找一种会随着季节变色的鸟类。嘘，小声点儿，你看到了吗？在那儿！雪地上一团白色的东西——那就是柳雷鸟，又叫雷鸟、柳鸡、苏衣尔、雪鸡。

　　柳雷鸟虽然不像上面两位 "老兄" 那样随时能变色，但是它的本领也不赖：在夏季的时候，柳雷鸟是黑褐色和白色相间；到了秋季，它们的羽毛都变成了棕黄栗色，上面还布满黑色的斑纹；进入冬季，它们全身的羽毛都变为白色，仅尾羽和飞羽的羽干为黑色。

　　柳雷鸟是松鸡家族中的一种中等体型的鸟，主要分布于欧亚大陆的北部至蒙古、乌苏里及萨哈林岛，已被列为国家二级重点保护野生动物。

"爸爸去哪儿"——奇妙的迁居活动

随着季节变化，动物们会进行一次方向确定、有规律、长距离的迁居活动。在动物界，类似的活动非常常见，昆虫界称为"迁飞"，鱼类则称为"洄游"，哺乳动物则称为"迁移"，鸟类一般都叫"迁徙"。现在，我们分别请了这四类中的代表说说它们的经历。

小燕子——年年春天到这里

"才下过几阵蒙蒙的细雨。微风吹拂着千万条才展开带黄色的嫩叶的柳丝。青的草，绿的叶，各色鲜艳的花，都像赶集似的聚拢过来，形成了光彩夺目的春天。小燕子从南方赶来，为春光增添了许多生机。"

燕子是鸟类燕科的通称。它体形小巧，两翅尖长，尾羽平展时呈叉状，飞行时捕食昆虫，全世界除南极洲以外各地都有分布。我国的燕子共有9种，春夏时节遍布全国各地，到了秋冬，北方食物匮乏，为了生存，它们就开始飞往南方。燕子是典型的迁徙候鸟，一般在第一次寒潮来临之前就会迁往南方，不过它们不像大雁一样有组织、有纪律地飞，就是成群结队地飞。

大麻哈鱼——为了下一代的悲壮之行

大麻哈鱼，又称大马哈鱼、狗鲑等。大麻哈鱼是洄游鱼类，多数出生于淡水之中，不远千里前往大海生活，成熟后，又义无反顾地回到生育它们的故乡进行繁殖。北美的大鳞大麻哈鱼的洄游真是生物界的一次悲壮之举。它们一路上要躲避海中的天敌——海豚、虎鲸的追逐杀戮，河流上游的棕熊的虎视眈眈，白头海雕、北极鸥的生杀掠夺……好不容易"虎口脱险"，回到自己的出生地，它们生产完下一代，体力已经全部耗尽后，等待它们的只有死亡。

国王蝴蝶——为食物而奔波劳累

国王蝴蝶又叫日落蛾，是一种白天飞行的蛾，属于燕蛾科。它被认为是最美丽、最富感染力的鳞翅目昆虫之一，它声名远扬，是收藏家们的心头宝。国王蝴蝶是黑色的，有红色、蓝色和绿色斑纹。翅膀边缘有白鳞带，后翅上部较宽，还有 6 条尾，长相十分艳丽。国王蝴蝶是马达加斯加的"特产"。

国王蝴蝶的迁飞仅仅是因为食物——这和其他动物的迁移稍有不同。它唯一的食物来源是脐戟。马达加斯加西边的脐戟是干燥的落叶林，当叶子落后，为了不饿肚子，国王蝴蝶不得不迁往东边的雨林，那儿的对叶脐戟是它们仅有的食物。

驯鹿——一场胜利大逃亡

驯鹿，又名角鹿，是鹿科驯鹿属下的唯一一种动物。驯鹿的身体上覆盖着轻盈而极为抗寒的毛皮，身长在 1.5～2.3 米之间，雄性和雌性驯鹿头上都长角，长角分枝繁复，有的超过 30 叉，蹄子宽大，悬蹄发达，尾巴极短。

驯鹿每年都要进行一次长达数百千米的大迁移。春天一到，它们便离开森林和草原，沿着几百年不变的既定路线往北进发。雌鹿打头，雄鹿紧随其后，浩浩荡荡，长驱直入，日夜兼程，边走边吃。雌鹿一般在冬季怀胎，在春季迁移的途中生育。幼仔生下两三天后，就可以跟着雌鹿赶路，一个星期之后，它们的速度就能像父母一样快，每小时可以迁移 48 千米。

"动物达人秀" ——寻找有建筑天赋的动物

1 自然界的水坝工程师——河狸

河狸过着半水栖的生活，体形肥壮，头短，眼睛、耳朵小小的，脖子也很短。河狸门齿锋利，咬肌尤为发达，一棵直径40厘米的树只需2小时就能咬断。

河狸的家庭观念极重，因此总是花费大量的时间精心修建自己的家。它们筑起小水坝，并在水坝四周围起静水区，以此建成自己的巢穴。除了休息，巢穴还是河狸觅食的处所。因此，它们被称为"自然

界的水坝工程师"。河狸对大片生态环境区域所作的改造有助于维护沼泽地的生态环境，养护生活在其间的各种动植物，例如鱼类、水獭、水禽、狐狸和獐等。

2 最精密的建筑师——蜜蜂

全世界已知的蜜蜂约1.5万种，中国已知的约1000种。蜜蜂在飞行时采食花粉和花蜜，并酿造蜂蜜。蜜蜂是群体生活的昆虫，一个蜜蜂群体有几千到几万只蜜蜂，由1只蜂后、少量的雄蜂和众多的工蜂组成。蜂后负责繁衍后代，是蜜蜂群体中唯一能正常产卵的雌性蜂；雄蜂负责与蜂后交配，一般在繁殖季节出现多，

交配后立即死亡；工蜂是蜂群中繁殖器官发育不完善的雌性蜜蜂，在同一蜂巢中的工蜂可以分为3个不同的工蜂群：保育蜂、筑巢蜂和采蜜蜂。

今天，我们就来夸夸这群筑巢蜂的精心杰作。蜂巢由众多正六边形的蜂蜡巢室所组成。六边形结构可以在相同体积下用最少的材料建造最宽敞的巢室。蜂巢的中心线基本是水平的，而巢室的非角度行排也是水平地排成一线。而巢室的斜度是微微地向上，在9°～14°之间，朝向开端，这样蜂蜜便不会流出。

蜜蜂在蜂巢

最有创意的建筑师——白蚁 3

复杂的白蚁巢

白蚁是昆虫的一种，在地球上生活2亿多年了。虽然它们常常破坏人类的建筑，不过在建筑自己的房子上面，它们可一点儿也不含糊。

白蚁的房子建构合理，通风良好，既坚固又实用，可供数百万只白蚁栖息，其内有产卵室、育幼室、隧道、通风管，可以与人类顶级建筑师的精心杰作相媲美。白蚁巢里有无数细小的地下隧道连接周遭环境，当气候变暖时，空气上升，和下方的蚁穴产生压差，外头的空气就自然流入巢内平衡气压；因为蚁穴位于深层土壤，温度不会产生剧烈变动，并且透过气流平衡，外部的温度、湿度会决定流进蚁穴的空气中保留多少水分，如同天然的空调。

白蚁的房子还是动物界中的摩天大厦，非洲与澳洲的高大白蚁冢，常由十几吨的泥土所砌成，一般有5～6米高（最高有9米），呈圆锥形塔状，为当地特有的景观。虽然在你看来这几米不算什么，但是想想白蚁那不足1厘米的身长吧！这群建筑师往往不住在土丘里，而是住在"地下室"。"地下室"可能深入地下60厘米，而白蚁的工具只有自己的口水和泥土。这些白蚁花费巨大的心力修建自己的家园，因此当家园受到威胁的时候，它们宁愿和敌人同归于尽。

白蚁

"非诚勿扰"
——动物求偶有怪招

孔雀开屏——展示最美丽的自己给你看

　　孔雀是世界上有名的观赏鸟。它们可以分成4种：生活在我国云南南部和东南亚等地的绿孔雀，生活在印度和斯里兰卡等地的蓝孔雀，以及数量稀少的蓝孔雀的变种白孔雀、黑孔雀。孔雀是最有名的雉科禽鸟。

　　不知道你有没有发现，孔雀主要集中在四五月开屏。孔雀开屏时，尾羽高高地竖起，宽宽地展开，在大尾屏上，我们可以看到五色金翠线纹，上面散布着许多近似圆形的"眼状斑"。这种斑纹从内至外由紫、蓝、褐、黄、红等颜色组成，在阳光照射下熠熠生辉，绚丽夺目。开屏时，它们还会跳起优美的舞蹈。告诉你一个小秘密：这些美丽的孔雀，可不是姑娘，它们是孔雀先生。在孔雀中，孔雀姑娘长得很不起眼儿，反而是孔雀先生为了吸引孔雀姑娘，不仅要长得美，还要争相比美。

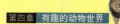

螳螂舍生——为了下一代牺牲自己

螳螂是昆虫纲螳螂目下昆虫的通称。目前世界上有 2200 种螳螂，螳螂在世界各地都有分布。螳螂交配后，部分雄性螳螂会被雌性螳螂吃掉。雌性螳螂竟有食用自己"丈夫"的习性，它们为何如此残忍呢？大多数专家认为，雌性螳螂产卵时需要很多的营养和极大的能量，而雄性螳螂的身体正好可以弥补这些。也有专家认为，雌性螳螂在受惊吓或无助的情况下会做出一些反常的举动，从而误吃了自己的"丈夫"。

避役变色——让你看到最优秀的我

避役就是变色龙。虽然现在变色龙改变体色，主要是为了与周围环境融为一体，保护自己免受天敌攻击，但科学家通过研究发现：变色龙最初改变体色，主要是为了吸引异性，吓跑竞争对手，传递与"社交"有关的信号。"伪装"这一功能是后来才被发现的。

雄性变色龙利用自己精心制作的"视觉秀"，向异性炫耀它们的优良基因。可变的颜色越多、越明显，就越能对潜在配偶产生吸引力，同时也暗示它们的身体更为健壮。当"求爱"遭到拒绝或者在搏斗中败下阵来时，它们会利用灰色和褐色表示自己"认输"。雌性变色主要有两个作用：一个是吸引异性注意，另一个则是告诉同类"我怀孕了"。

🔔 乌鸦痴情——想尽办法追求雌性

乌鸦，是鸟纲、鸦科的动物，大约有 41 种。乌鸦有强而有力的腿和趾，坚硬而较粗大的嘴，体色呈黑色、黑白色、黑灰色，翅膀上常有美丽的紫色、蓝色、绿色或银色闪光。

乌鸦非常痴情，当雄乌鸦寻找到自己中意的对象时，便轻柔地"呱呱"叫着，或者像耍杂技般飞来飞去，炫耀自己矫健的身姿；而雌乌鸦为了证明自己已经坠入"情网"，便张开口等着雄乌鸦喂食——或是一口嚼烂的幼虫，或是死鸟亡虫的内脏。雄乌鸦很勤劳，常常任劳任怨地帮助雌乌鸦搭窝筑巢。

🔔 蝉唱声声——为你高声歌唱

蝉是昆虫纲半翅目中的一科，俗称知了，生活于温带或热带地区。大多数蝉的体形不大，体长 2 ～ 5 厘米，不过少数种类，例如世界最大的帝王蝉展开双翼能达 20 厘米，体长约 7 厘米。蝉的外骨骼很坚硬，双翅相当发达，多为透明或半透明，上面有明显的翅脉。

雄蝉身体两侧有能够发出很大声响的发声器（也称为"鼓室"），主要包括背瓣、腹瓣、鼓膜、发音肌（鼓膜肌）、共鸣室（气室）等。为了发出声音，它们常趴在树干上，向前或左右扭动腹部来调节发出的声响；而发出来的响声常被称为蝉的"歌声"。

雄蝉鸣声特别响亮，并且能轮流利用各种不同的声调激昂高歌。雄蝉每天唱个不停，是为了引诱雌蝉来交配，其实它们并未听见自己的"歌声"。

▶ 蝉蜕

第二节
探索频道——
寻找最特别的动物

动物中有许多"奇人异士"，它们生活在世界的各个角落，今天我们把它们一一请出，大家擦亮双眼吧！

最萌动物大对决

最近动物界展开了一场最萌动物大对决，动物们纷纷崭露头角，最后决赛的五位参赛者已经票选出来了。现在就让我们来看看这几位参赛者吧。

🔔 第一位：大熊猫

姓名：大熊猫，别名猫熊、竹熊，被誉为活化石、中国国宝。

年龄：10 岁（风华正茂，寿命一般能达到 30 岁）。

祖籍：中国（中国特产）。

长相：胖嘟嘟的身体，肥硕似熊，丰腴富态，头圆尾短，体长约 1.5 米，体重 80 ~ 120 千克。头部和身体毛色黑白相间，但黑非纯黑，白也不是纯白，而是黑中透褐，白中带黄。脸颊圆圆的，有一对大大的黑眼圈，走起路来是标准的"内八字"。别看它外形憨厚老实，其实它也有锋利的爪子，千万别惹怒了它。

兴趣爱好：吃竹子、睡觉（每天只做这两件事，一半时间睡觉，一半时间进食）。

上榜理由：它们非常灵活，能够把笨重的身体摆成各种各样的姿势。最喜

欢的姿势便是后肢撑在树上，用前掌遮住眼睛。初次见人，它们十分温顺、害羞，常用前掌蒙面或把头低下，不露真容。它们可以像猫一样把身体伸直，前掌伸开，后半身抬起，让身躯灵活舒展。偶尔睡醒以后，还会伸直前肢打哈欠。如果被水淋湿或涉水过河后，也可以像狗一样把身上的水抖掉。

第二位：红袋鼠

姓名：红袋鼠，别名红大袋鼠、赤大袋鼠。
年龄：8岁（风华正茂，寿命能达到22岁）。
祖籍：澳大利亚大陆。

长相：红袋鼠是非常大的袋鼠，长有红褐色的短毛，下身及四肢的毛色呈黄褐色。它们的耳朵尖长，吻呈方形。它们前肢有细小的爪，后肢粗壮适合跳跃，尾巴强壮可以帮助站立。忘了说了，它们的脚有点儿像橡皮圈。
兴趣爱好：跳高（它们可以跳3米高，9米远，时速能达到60千米以上）。
上榜理由：跳起来很高，很可爱，是跳得最高最远的哺乳动物。所有的雌性红袋鼠还有一个育儿袋，小袋鼠就在育儿袋里被抚养长大，直到它们能在外界生存。在跳跃着的雌袋鼠身上，你不时能看到小袋鼠探出脑袋，多可爱呀！

第三位：长颈鹿

姓名：长颈鹿，别名麒麟、麒麟鹿、长脖鹿。
年龄：5岁（风华正茂，寿命能达到25岁）。
祖籍：非洲（非洲特产）。

长相：长颈鹿身高6～8米，雄性重达900～2000千克，雌性稍轻一点儿；颈部长度平均为2.4米。长颈鹿的头顶均生有1对外包皮肤和绒毛的小短角，其耳后和眼后还有2对角，但不是很明显。有的雄性长颈鹿额头的中央还长有一只角。因此，它们就有6～7只角。长颈鹿的眼睛长在头顶上，大大地突出来。长颈鹿全身的毛稀疏且短小，身披浅黄底色、镶有布满大小不同的黑褐色花斑网纹的外衣，这件外衣还是一种天然的保护色。

兴趣爱好：吃各种树叶（一头长颈鹿每天能摄入 63 千克树叶和嫩枝）。

上榜理由：彬彬有礼的绅士，温柔的眼睛萌化人心。长颈鹿性情温柔，群体之间谦和文雅，彬彬有礼。它们的举动那么随和、亲切、自然，完全配得上它们那美丽的外貌。它们彼此之间温情脉脉地相伴来去，互相照应。它们长长的腿经常碰在一起，头颈相交，温柔而细心地交流着，像是一丛高大的芭蕉树，同根相生，相互守候。这种互相靠近既是出于一种温情，也是为安全着想。

第四位：羊驼

姓名：羊驼，别名驼羊。

年龄：12 岁（风华正茂，寿命能达到 25 岁）。

祖籍：南美洲（约 90% 的羊驼生活在秘鲁及智利的高原上）。

长相：羊驼脸像绵羊，外形像骆驼，因此得名羊驼。它的颈较长，蹄子是肉质的，走路的姿态和骆驼类同，胃里也有水囊，可以数日不饮水。但是它身体较小，背上无肉峰，四肢很细，脚的前端有弯曲而尖锐的蹄。脸细长，耳尖长，眼睛很大，尾巴短，毛细长，看起来非常"清秀"。

上榜理由：羊驼的长相用网上流行词来讲就是——呆萌呆萌的。它们那永远睡不醒的神情，极具视觉感的外形，一下子让它们的形象深入人心。

第五位：毛丝鼠

姓名：毛丝鼠，别名绒鼠、栗鼠、龙猫。

年龄：8 岁（风华正茂，寿命能达到 20 岁）。

祖籍：智利和玻利维亚等国的安第斯山脉。

长相：体形小而肥胖，体长约 25 厘米，尾端的毛长而蓬松，全身长满浅灰色的、均匀的绒毛，如丝一样致密柔软，故名毛丝鼠。毛丝鼠一个毛孔有高达 60～80 根毛，寄生虫不易生存，以皮毛柔软、漂亮而闻名于世，现因遭人类滥杀而濒临灭绝，属于极危物种。

兴趣爱好：跳跃，能跳 1 米多高。

上榜理由：毛丝鼠之所以这么出名，是因为它的样子与日本动画大师宫崎骏执导的动画片《龙猫》中的主人公龙猫太郎十分相似。

走进南北极，为勇士喝彩

南北极是世界上环境最恶劣的地方，酷寒让那儿的动物非常稀少。现在就让我们一起走进南北极，为那些与大自然抗争的勇士而鼓掌喝彩。

优雅的绅士——企鹅

企鹅身体肥胖，生活在寒冷的南极。目前已知的企鹅约有 17 种，有王企鹅、帝企鹅、阿德利企鹅、黄眼企鹅、白鳍企鹅等。企鹅羽毛密度比同一体形的鸟类大 3～4 倍，这些羽毛的作用是调节体温。企鹅双脚的骨骼坚硬，翼很短，这样使它们可以在水底"飞行"。企鹅双眼有平坦的眼角膜，所以可以在水底及水面看见东西。企鹅走起路来十分滑稽，一摇一摆的，简直就像老年绅士。

从外形来看，在所有的鸟中，企鹅是长得最不像鸟的。企鹅的生活方式和大多数鸟也有着明显的区别：它们既不能在天上飞，也不能在地上奔跑，但它们是鸟类中最出色的潜水员。到了水里，企鹅似乎一下子就找到了感觉，变得异常灵活。它们的翅膀变成了桨，脚也变成了尾鳍，靠着流线型的体型，它们在水里来去自如。不过，企鹅毕竟不是鱼，和别的鸟一样，它们也要呼吸空气。所有企鹅无法一直待在水中，它们可以一口气在水下待大约 20 分钟。

凶猛的杀手——北极熊

北极熊长着一身白色的绒毛，外表看起来憨态可掬，十分可爱。可事实上，北极熊是陆地上最庞大的肉食性动物。在它的地盘上，它位于食物链最顶层。北极熊直立起来高达 3.3 米，重约 800 千克，相当于 4 头公非洲狮。尽管身躯庞大，北极熊的奔跑速度还是很快，时速约达 40 千米，还能以每小时 10 千米的速度游泳呢！

北极熊的皮毛分为上下两层，上层毛光滑而长，下层毛短而密。北极熊的毛其实是透明的，看起来是白色的，是因为受阳光的折射，白色的皮毛能使北极熊在冰层上悄悄地跟踪并突袭猎物。年幼的北极熊皮毛是纯白色的，可帮助其伪装和躲藏，长大后皮毛就会慢慢转为乳黄色。不仅如此，北极熊的毛是中空的小管子，能锁住空气并防止水渗入。

北极熊是熊科里最喜爱食肉的动物，亦是同类动物里最喜爱吃鱼的家伙。它们主要的食物为海豹，特别是环斑海豹，不过它们亦会进食任何能够被其猎杀的动物，如贝类、蟹、幼鲸等。

稀奇古怪的狩猎习惯

青蛙——我只吃活的

今天我们说的不是青蛙王子，而是池塘、稻田里随处可见的青蛙。它们其貌不扬，嘴巴大，眼睛小，皮肤坑坑洼洼，和王子没有什么关系，倒是丑得"名声在外"。我们常说的，想吃天鹅肉的癞蛤蟆也是青蛙家族的一员大将。青蛙最爱吃苍蝇和飞蛾，一只青蛙每天可以吃掉六七十只害虫，一年就能消灭近万只害虫。别看它们每天坐在那儿"呱呱呱"，其实它们蹲守的时候，就是在捕猎，只要猎物从它们眼前飞过，它们长长的、分叉的舌头一卷，然后一吞，害虫就进了青蛙的肚子。青蛙吃东西很挑剔，它们只吃活的……你知道这是为什么吗？

原来，青蛙的眼睛很特别。它们视网膜上的神经细胞分成 5 类，一类只对颜色起反应，其余四类只对运动目标的某个特征起反应，并能把分解出的特征信号输送到大脑视觉中枢——视顶盖。这就好像在 4 张透明纸上画图，叠在一起，形成完整的图像。在迅速飞动的各种小动物里，青蛙可立即识别出它最喜欢吃的苍蝇和飞蛾，而对其他飞着的东西和静止不动的物体都毫无反应。

秃鹫——我只吃死的

秃鹫又称坐山雕，是一类以食腐肉为生的大型猛禽。在我国的西部山地经常能看到它。秃鹫体长约 1.2 米，羽毛主要为黑褐色，脖子后面、头部的毛比较少，或者干脆是秃的。这样虽然不美观，但是很实用，既方便它们把头伸进动物尸体内，又省得被沾上血，这个部位它们可没有办法自己清洁。

秃鹫很少捕猎健康的食物，它们爱好腐尸，所以经常会飞上天空观察哪儿有倒下的动物。一旦发现目标，它们就在附近一直等候观察，它们的耐性很好，有时候一等就是 2 天。假如动物仍然一动也不动，它们就慢慢飞近，近距离察看对方的腹部是否有起伏，眼睛是否在转动。倘若还是一点儿动静也没有，秃鹫便开始降落到尸体附近，悄无声息地向对方走去。它们十分谨慎，行走时，张开嘴巴，伸长脖子，展开双翅，随时准备起飞。当经过再三确认，发现没有危险后，它们就立即用自己尖利的嘴巴撕开猎物的尸体，大快朵颐。

秃鹫看到别的动物 抓捕到猎物后，也会在低空小心翼翼地观察，只 要情况允许，远远近近的秃鹫就一拥而上，准备分 一杯羹，它们常常为食物争得"面红耳赤"。当然，如果争不过，它们的脸又会变白，然后灰溜溜地走到一边。

响尾蛇——用声音迷惑你们

响尾蛇，顾名思义就是尾巴会响的蛇，它们是一类毒蛇，毒性较强，能破坏人类的血液组织功能。所以在夏天的夜晚，当你在野外听到"嘎啦嘎啦"的声音，一定不要好奇心太重，赶紧躲开点儿，说不定前面就有一条响尾蛇呢！

也许你会觉得响尾蛇有点儿笨，它这样走到哪儿响到哪儿，还怎么捕猎！其实，响尾蛇发出声音就是为诱惑猎物呢，你听，这"嘎啦嘎啦"的声音，多么像小溪潺潺流动的声音哪！吃饱的小动物们正想喝一点儿清凉的溪水，一上前，正好就落进了响

尾蛇的圈套里。有时，当响尾蛇受到威胁的时候，也会发出这样的声音，警告对手；有时，这声音也是它们和伙伴交流的信号。

响尾蛇之所以会发出声音，是因为它的尾巴上有个响环，响环像一串干燥的中空串珠，摇动时会互相摩擦震荡空气发出声音。刚孵出的幼响尾蛇尾部只有一个响环，响环会随着一次又一次的蜕皮慢慢增加，响环越多发出的声音也就越大。

虎鲸——我会装死等待你

虎鲸又称杀人鲸、逆戟鲸，是海豚科下体形最大的一类。虎鲸是一种非常聪明的食肉动物，它们能够用声音——超声波相互交流；有自己的组织——母系群体，一般由2～9头血缘关系相近的虎鲸组成，此母系群体会长期维持稳定，所有成员会共同分担养育工作。很多科学家甚至认为，虎鲸有自己的文化。

虎鲸的聪明尤其表现在它们捕猎的时候，它们会采取团体作战，利用超声波策划战术。当目标确定后，虎鲸会观察地形——在满潮前观察直达海滩的裂缝沟渠，当满潮时沟渠会灌满水，并在沙滩上形成一片浅水域，此时虎鲸会沿着沟渠冲上海滩，并故意让自己搁浅，躺下"装死"，趁机捕食海狗或海狮。有时，一头虎鲸会露出大背鳍吸引海狗群的注意，另一头虎鲸就会悄悄靠近捕杀海狗，当猎物脱逃时，另一头虎鲸就会冲上去接替捕食。

虎鲸和人体比例图

第五章

缤纷的植物王国

人类离不开植物，植物虽然不会唱、不会跳，也不像动物那样吸引我们的目光，但是它们是生命之源！没有植物就没有动物，没有植物就没有现在的大千世界。植物是自然的恩赐，是它们让我们的生活色彩斑斓，生机勃勃。

第一节
植物王国大观

植物的数量不可胜数，植物的作用言说不尽，植物的力量让人咋舌……今天，让我们一起去探索一下那些长在各个"角落"里的植物吧！

生活在童话王国的植物

我们都喜欢读童话故事，在童话故事里认识了许多可爱的人物、动物，像白雪公主、小王子、青蛙王子等等，可是你还记得童话故事里的那些植物吗？

猴面包树——《小王子》中的"恶"树

在《小王子》这本童话中，小王子对猴面包树非常痛恨，因为它能撑破小王子的星球！可是猴面包树真的有这么坏吗？

实际上，猴面包树全身是宝。猴面包树的果实长10～30厘米，巨大如足球，甘甜多汁。当它的果实成熟时，猴子就会成群结队而来，爬上树去摘果子吃，所以叫它"猴面包树"。猴面包树的叶子也可以吃，味道很好；而果实溶解在牛奶或水中，可作为饮料；种子还可榨食用油。

猴面包树的树冠非常巨大，树叶较小，树杈千奇百怪，看起来倒像是树根，远看就像是摔了个"倒栽

猴面包树的果实

葱"。猴面包树树干很粗，最粗的树干基部圆周达 50 米，要 40 个人手拉手才能围它一圈，但它个头儿并不高，最高只有 10 多米。所以，远远看上去，猴面包树的枝叶像是插在一个大肚子花瓶里，因此它又被称为"瓶子树"。这个大家伙，倒真可能撑坏了小王子的星球。

榛树——《灰姑娘》的许愿树

在《灰姑娘》这部童话故事中，灰姑娘被后母虐待。她想要参加舞会，可是没有衣服，于是就到母亲坟头，向一棵树祈求——好，问题来了，你知道那棵树叫什么名字吗？不要着急去翻故事书，我来告诉你吧！那棵树叫榛树。

虽然对于灰姑娘来说，榛树是她的救星，但是对于我们来说，榛树实在普通。榛树是落叶灌木或小乔木，高 1 ~ 7 米，树皮呈灰色，枝条是暗灰色，小枝黄褐色，树叶的轮廓为矩圆形或宽倒卵形，长 4 ~ 13 厘米，宽 2.5 ~ 10 厘米。榛树的果实就是榛子，可以生吃，还可制作糖果、蛋糕和酒，坚果炸出的油可用于烹饪、香料、按摩油、肥皂及润滑油中。叶可作为烟草的代用品。

榛树雄花

榛树雌花

玫瑰——童话中的"明星"

玫瑰是童话中出镜率最高的植物之一，在《夜莺与玫瑰》《小王子》《睡美人》中，我们都可以看见它的身影。玫瑰花朵呈红、白、粉等颜色，十分艳丽；其花瓣形状柔美，雅致芬芳，素有"花中皇后"之称。不过，一般你在花店中见到的红艳艳的玫瑰可不是真的玫瑰，其实际上是月季。

玫瑰是蔷薇科落叶灌木，不仅有很高的观赏价值，还有很高的经济价值。它可用来提取香料和玫瑰油，但平均每 2.6 千克的玫瑰花只能提炼出 1 克玫瑰油，所以玫瑰油的价格曾经

高过黄金价格的五六倍。玫瑰油香精主要用于化妆品工业、日用化学品工业、食品工业以及医药卫生等。

郁金香——欧洲人的"魔幻之花"

郁金香在童话中也曾多次出现，如《小意达的花儿》。在古罗马神话中，郁金香是布拉特神的女儿。郁金香高贵美丽，荷兰人、土耳其人因其神秘幽远的美感而将其奉为国花。当春天到来的时候，郁金香的叶子中间会抽出一根长秆，花就开在长秆顶端。花朵像一只高脚酒杯，大而鲜艳。

被欧洲人称为"魔幻之花"的郁金香，自古就有一种莫名的魔力，使园艺学家热衷于对其进行品种改良的研究工作，甚至有人倾家荡产只为了它那稀有的球根。

葫芦—— 一根藤上七个娃

《葫芦娃》这部动画片的流行，让葫芦这种植物也声名远扬。其实，葫芦是我们非常熟悉的一种植物，在中国文化中，葫芦有辟邪的作用，所以许多人家喜欢在家门口种葫芦。未成熟的葫芦能做食物吃，成熟了外壳木质化的葫芦能当容器。在中国道教中，葫芦还是一种法器呢！

葫芦是一年生攀缘草本植物，夏秋开白色花。葫芦的藤可达15米长，藤上有毛，叶子呈椭圆状或心状，果实长度从10厘米至1米不等，最重的可达1千克。葫芦喜欢温暖、避风的环境。

生活在水中的植物

浮萍漂泊非无根

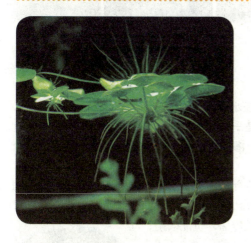

　　浮萍又叫青萍，人们认为浮萍没有根，所以喜欢把漂泊无依的人比喻为浮萍。其实，浮萍不是没有根，只是它的根没有固定在土里。浮萍会随着水流四处漂移，它叶子比较小，夏天会开出白色的小花。浮萍的繁殖能力相当惊人，只要有水和足够的温度，它就能很快地繁殖成一大块。所以，虽然它很适合做鱼类等的饲料，但要小心控制，别让它"包围"池塘，否则它会耗光池塘的氧气。

王莲——水上大玉盘

　　王莲，是水生植物中名副其实的"王"——它具有水生植物中最大的叶片。王莲叶片的直径1.8～2.5米，犹如一只只浮在水面上的翠绿色大玉盘。王莲的叶脉结构特殊，因此有很大的浮力，最多可承受六七十千克重的物体而不下沉。王莲叶子底部布满硬刺，这锋利的"武器"，既能有效地阻止鱼类的咬啮，还能"排除异己，扩大地盘"。它的叶片上密布小孔，叶缘还有两个缺口，下大雨时水可以从小孔和缺口迅速排走，保持叶片干燥，这样的生存智慧，真让人惊叹！

王莲花硕大美丽，直径可达 30 厘米左右，有六七十片花瓣，呈数圈排列在萼片之内。一般每朵花可开放 3 天左右，暮开朝合，花朵颜色随着时间变化而变化，最初洁白如兰，第二天粉红娇艳，第三天以深红、紫红谢幕。新开的花香气浓烈，引得甲虫纷纷上前。王莲为了能更好地受粉，往往在下午便合拢叶片，让甲虫留在自己的花朵里过夜。瞧，它多聪明！

蒹葭苍苍，白露为霜

"蒹葭苍苍，白露为霜。所谓伊人，在水一方"这几句诗，都是我们耳熟能详的，但是你知道"蒹葭"是什么吗？其实它是一种你十分熟悉的水生植物，它的大名就叫——芦苇！芦苇是生长于沼泽、河岸、海滩等湿地的一种禾本科植物，遍布于全世界温带和热带地区。

在地下芦苇有匍匐的根茎，可以在适合的地区迅速地铺展繁殖，一年可以平铺延伸 5 米以上，繁殖能力很强；芦苇的生命力也很顽强，能较长时间埋在地下，一旦条件适宜，便可发育成新枝，种子可随风传播，也能繁殖；同时芦苇观赏性较强，浩浩荡荡的绿色能让人眼前一亮，开花期间尤其美丽，蓬松的花絮如同小动物毛茸茸的尾巴，洁白、轻盈、柔美。因此，在公园、湿地也有许多人工栽培的芦苇供人观赏。

芦苇的茎

生活在冰天雪地中的植物

勇敢之花——雪绒花

　　雪绒花又名火绒草、高山薄雪草，为菊科火绒草属的高山植物，原产于欧洲高山地区。雪绒花是一种珍贵的花卉，它具有花、叶并美的特点，株形小巧玲珑，高3～20厘米，叶片呈银灰色，花为黄色，5～6个生长在一起，周围由生有白色绵毛的小叶包围住，形状似星，颜色如雪，朴实大方。

　　雪绒花通常生长在阿尔卑斯山脉海拔1700米以上的地方，由于高海拔气候和生长环境的限制，顽强的雪绒花选择了在岩石的小洞、缝隙中生存。雪绒花顽强而且独立，不惧怕恶劣条件，是勇敢的象征，也是荣誉和友谊的象征，有着"世界花园"之称的瑞士，把它定为国花。第二次世界大战中，德国陆军山地师亲自登上阿尔卑斯山，并将摘到的雪绒花佩戴在胸前，以突显精锐山地猎兵的身份。

北极地区的美丽使者——北极罂粟

　　也许罂粟在人们看来就是罪恶的代名词，但是，在北极有一种美丽的花——北极罂粟，它却是美丽、勇敢、智慧的代名词。

　　北极罂粟是野生的，不能用来制作鸦片。北极的夏天只有短短两个月左右，植物的生长期很短，如果种子长得太慢，还没等成熟就会被冻死。所以，对于北极罂粟来说，如何聚积热量显得尤为重要。北极罂粟开着艳丽的黄花，花

雪绒花

105

北极罂粟

朵的形状像一个茶杯，每一片花瓣又像是一面反射镜，可以把太阳光的能量反射到中心的花蕊上。它收集阳光的效率高得惊人，仲夏极昼，阳光一天 24 小时 360° 照耀，北极罂粟随着太阳位置的改变而改变花朵的朝向。北极的太阳光虽然称不上强烈，不过至少在盛夏时节不会西沉，所以罂粟花此时收集的阳光可让它在太阳西沉、漫漫冬日到来之前，在花朵的中心部位生成种子。

🔔 开放在高原上的圣洁之花——天山雪莲

　　天山雪莲，又称高山雪莲，是菊科多年生草本植物。它不但是难得一见的奇花异草，也是举世闻名的珍稀药材。雪莲常分布于中国新疆天山南北山坡、阿尔泰山及昆仑山，生长在海拔 4000～5000 米高的地带。雪莲十分耐寒，种子能在 0℃时发芽，3℃～5℃时生长，幼苗可经受 −21℃的严寒。雪莲要生长 5 年才能开花，花为蓝色、紫色，外面有多层白色的半透明膜质苞片，像一朵朵莲花，所以有"雪莲"这个大名。最近几年，由于滥采滥挖，有些盗挖者甚至将雪莲连根拔起，使其连开花结籽的机会都没有，导致天山雪莲数量锐减，已经成为濒危植物。

第二节
我们最熟悉的花花草草

世界上的植物有 30 多万种，植物也如同人类，各有特色。它们在植物世界中摇曳生姿，带给我们不同的惊喜。虽然，我们不一定能认识所有植物，但是有些植物，总在不经意间和我们相遇。

牵牛花能攀爬到较高的地方

大家来找碴儿
——辨一辨相似的植物

人们常说世界上没有一模一样的两片叶子，但是世界上真的有长相极其相似的植物，常常让我们分辨不清。现在大家就一起来看看，看你是否能分辨出来。

连翘迎春相争艳

迎春和连翘同属于木樨科植物，枝叶、花形相似，花色也都是娇艳的黄色，大体看上去难辨你我，而且它们的开花时间也相差不远，因而，人们常常会分辨不清它们。

连翘的枝条不容易下垂

连翘

属： 木樨科连翘属。

植株外形： 外形呈灌木或类乔木状，较高大，枝条不易下垂。

枝条： 颜色较深，一般为浅褐色，内部中空无髓。

叶： 单叶或三叶对生，叶呈卵形、宽卵形或椭圆状卵形，叶片较大，边缘除基部以外有整齐的粗锯齿。

花： 连翘有 4 个花瓣。

果： 连翘花结实。

1 连翘开放时的状态

2 连翘的叶

迎春

迎春的花

属： 木樨科素馨属。

植株外形： 呈灌木丛状，比较矮小，枝条呈拱形，容易下垂。

枝条： 绿色，内部是充实的，有片状髓。

叶： 迎春的叶是三小复叶，呈十字形对称生长，叶片较小，呈卵形或长椭圆形，全缘，尖端狭而突尖。

花： 迎春花有 6 个花瓣。

果： 迎春花很少结实。

迎春的叶

"朝颜" "夕颜" 傻傻分不清楚

看到这两个名字，是不是就有一种分不清的感觉。它们的外形也很相似，二者同属于旋花科，叶子都是互生的三裂叶片，都是需要"依附"别的植物才能"站"起来；花形也很相似。如果你不仔细观察或者查阅资料，一定很难分清楚它们。但是，既然它们是不同的两种植物，就一定是有区别的，那么区别在哪儿呢？

牵牛花

开花时间：早上 4 点多钟就陆续开放，因此又被称为朝颜或勤娘子。

花色：花的颜色有蓝、绯红、桃红、紫等，亦有复色品种，花瓣边缘的变化较多。

植株高度：牵牛花是一年缠绕生草本植物，一般可高达 3 米。

牵牛花

月光花

开花时间：黄昏至夜间开放，直到黎明时才闭合，因此又被称为夕颜。

花色：花的颜色只有白色，有时略带淡绿色纹，花朵形似满月，大而美丽。

植株高度：月光花是一年缠绕草本植物，可以长得很大，甚至可高达 10 米。

1 月光花的藤蔓较高

2 月光花一般都是白色的

牡丹芍药 "花中二绝"

牡丹和芍药被人们并称为 "花中二绝"。它们同属芍药科芍药属，花形、叶片非常相似，因此，有人称牡丹为 "花王"，芍药为 "花相"。牡丹和芍药经常被栽种在一起，人们往往分不清楚。甚至，牡丹与芍药在中国古时就未分开，合称为 "芍药"，至唐代以后才有区分。

牡丹

秆茎：灌木木本，茎为木质，落叶后地上部分不枯死，因此又被称为木芍药。

牡丹的花是独朵顶生的

牡丹花形较大

花期："谷雨三朝看牡丹"，牡丹多在阳历 5 月初开花。

花形：牡丹的花是独朵顶生的，花形大。

芍药

秆茎：蓄根草本，茎为草质，落叶后地上部分枯死，因此又被称为 "没骨花"。

花期："立夏三照看芍药"，芍药在春末夏初开花。

花形：芍药的花是一朵或数朵顶生并腋生的，花形亦较牡丹略小。

粉色芍药，花形较小

芍药的花是一朵顶生或数朵顶生并腋生的

花中佳人，倾国倾城

在植物王国中，有许许多多以"外貌"取胜的植物。它们是人类的"宠儿"，艳名远扬，今天，我们就来认识一下几种人们眼中倾国倾城的花吧！

出淤泥而不染，濯清涟而不妖

荷花又称莲花、芙蓉、菡萏、芙蕖，是一种原产于中国的水生植物。花一般盛开于夏季，有白、粉、红等色，花朵很大，是夏日之风物。荷花的叶子是圆形的，亭亭玉立于池水之上，倒过来像一顶帽子一样。它的地下茎横行于池塘内的泥中，被称为莲鞭。莲鞭的顶端数节会逐渐膨大而成为人们喜欢食用的藕。

在东方文化里，莲花是纯洁的象征。因为，莲花虽然生长在泥泞的湿地、池塘中，但它的叶子和花仍保持干净。这是因为莲能够进行自我清洁，莲叶的微观结构和表面上的蜡晶体让它不会被水弄湿，水滴在叶片表面就如水银一般会滚落，并且可以带走污泥、小昆虫等物。

唯有牡丹真国色，花开时节动京城

牡丹是落叶小灌木，一般高 1 ~ 1.5 米，花大，色艳，雍容华贵，富丽端庄，芳香浓郁，素有"国色天香""花中之王"的美称。牡丹的花有红、黄、蓝、白、粉、绿、紫等颜色，品种繁多。

说起牡丹这两个别称，还都是因为它出众的外貌。"花王"，出自《本草纲目》："群花品中，以牡丹而产生第一，芍药第二，故世谓牡丹为花王。""国色"，是因为牡丹花色艳丽，有冠绝群华之姿，李正封在《咏牡丹》中写道："国色朝酣酒，天香夜染衣。"我们还把牡丹称为"富贵花"，这是因为它花色喜庆，雍容华贵。

牡丹是中国人心中的国花，不仅仅是因为它的美，还因为它高洁、不畏权势的品格。《事物纪原》中记载，唐武则天冬游后苑，诏令百花齐放，唯有牡丹不从，遂被贬至洛阳。

我爱幽兰异众芳，不将颜色媚春阳

兰花属兰科，为多年生草本植物，也是单子叶植物。由于兰花大部分品种原产中国，因此又称中国兰。兰花是中国传统名花，它香气幽远，沁人心脾；叶片修长，四季常青，有"看叶胜看花"之誉。早春时期，兰花由叶丛间生长出许多花葶，每个花葶上端会开一朵花，花色清新淡雅。

兰花常生长在幽谷深涧，且幽香袭人，所以有"香祖""天下第一香"之誉。兰花叶、花、香独具四清——气清、色清、神清、韵清，人们对它十分赞赏，认为其高洁、清雅，把它喻为"花中君子"。

▌冲天香阵透长安， 满城尽带黄金甲

菊花原产于中国河南，茎细直，叶子很像鹅掌。菊花的品种达千余种。深秋季节，当别的花都凋零时，菊花却竞相开放。菊花的颜色有很多种，包括红、白、黄、粉红、暗红、紫等，甚至还有绿色和黑色的，传统以黄色为正色。菊花花瓣呈舌状或筒状。花序大小和形状各有不同，有单瓣，有重瓣；有扁形，有球形；有长絮，有短絮；有平絮，有卷絮；有空心，有实心；有挺直的，有下垂的。式样繁多，品种复杂。

中国人对菊花的感情非常浓厚，非常热爱菊花，从宋朝起，民间就有一年一度的菊花盛会。梅、兰、竹、菊被合称为"花中四君子"，是高雅、纯洁的象征。

▌凌波仙子生尘袜，水上轻盈步微月

水仙为石蒜科水仙属植物，别名凌波仙子、金盏银台、洛神香妃、玉玲珑、金银台等。从这一个个名字中，相信你已经知道水仙在人们心目中的地位了。

水仙为须根系，由茎盘上长出。叶呈扁平带状，苍绿的颜色让人眼前一亮。水仙为中国十大名花之一，中国的清供佳品，每到新年，人们都喜欢清供水仙，作为年花。"借水开花自一奇，水沉为骨玉为肌。"水仙花虽然花色娇艳，但对生活的要求却很低。适当的阳光、温度，一勺清水，几粒石子儿，它就能生根发芽。

腊月寒冬，百花凋零，而水仙花却叶花俱在，婷婷开放，香气宜人，仪态超俗，因此受到历代文人墨客的无数赞誉。

家生家养的植物

很多植物，我们每天都能见到它们，它们生长在我们的客厅、阳台、院子里，是我们最亲密的朋友。我们每天给它们浇水、施肥，精心地伺候它们，它们便回报给我们馨香、浓绿，给我们的眼睛、心灵带来抚慰。

绿色净化器——绿萝

绿萝是比较常见的绿色植物，它的缠绕性强，气根发达，长枝披垂，摇曳生姿，能够让室内顿时变得生机盎然。因为这种美化空间的特性，既可以让绿萝攀附于圆柱体上，摆于门厅、宾馆，也可以培养成悬垂状，置于书房、窗台。

绿萝有着"绿色净化器"的美名。人们喜欢在室内摆放绿萝，还因为它净化空气的能力强。绿萝既可以在新陈代谢过程中吸收甲醛，也可以分解由复印机、打印机排放出的苯，还可以吸收三氯乙烯。刚装修好的新居可多摆放几盆绿萝，能有效净化空气。

绿萝可以攀附其他植物

花开富贵，竹报平安——富贵竹

　　富贵竹，原称辛氏龙树，别名竹蕉、万年竹，原产于非洲西部，为多年生常绿草本植物，株高可达1.5～2.5米。富贵竹叶片细长，叶色浓绿，冬夏常青，不论盆栽或剪取茎干瓶插或加工成"开运竹""弯竹"，均显得直挺高洁、茎叶纤秀、柔美优雅、姿态潇洒、富有竹韵，观赏价值很高。富贵竹其茎节表现出貌似竹节的特征，却不是真正的竹。中国有"花开富贵，竹报平安"的祝词，富贵竹的受欢迎与它吉祥的名字分不开。富贵竹生命力强，病虫害少，容易栽培，并象征着大吉大利，故而深受人们喜爱。

富贵竹的芽

富贵竹的叶

富贵竹

翠绿常青——万年青

　　万年青是多年生常绿草本植物，又名莒、千年莒、开喉剑、九节莲、冬不凋草等，原产于中国南方和日本，是很受欢迎的优良观赏植物，在中国有悠久的栽培历史。

　　万年青叶色翠绿，叶形宽阔，肉质饱满，四季常青。冬季时绿色的叶子配

上红色的果实，高雅秀丽，有永葆青春、健康长寿、友谊长存、富贵吉祥的美好寓意。因此，春节时人们喜爱将万年青摆在室内来庆祝节日。

　　不过你要小心，万年青的汁液是有毒的，一般以茎部组织液最毒。黏液沾到皮肤上，会引起过敏反应。

手绘万年青 ▶

万年青的叶子

万年青和康乃馨

万年青红色的果实

独占春风——山茶花

　　山茶花，又名山茶、茶花，是一种常绿灌木或小乔木，它是中国传统的观赏植物。山茶花的栽培历史已经有1000多年了，隋唐时就已经进入了平常百姓之家。宋代，栽培山茶花开始风行，当山茶花盛开时，有人写诗赞叹："门巷欢呼十里寺，腊前风物已知春。"山茶花花期

山茶花又叫花中娇客

很长，从 10 月份到第二年 5 月份都是它的花期，这边谢了，那边开，十分热闹。

山茶花花瓣为碗形，分单瓣或重瓣，单瓣山茶花多为原始花种，重瓣山茶花的花瓣最多达 60 片。当山茶花落的时候，这些花瓣会一瓣瓣凋落，似乎是留恋枝头一样，落红满地，让人怜爱。当然，山茶花不止红色一种，紫、白、黄各色竞艳，甚至还有彩色斑纹的山茶花呢！

月月开花月月红——月季花

中国人喜欢在院子里种植月季，月季属蔷薇科，常绿或半常绿灌木，枝条直立，多数带有刺，羽状复叶，小叶 3～5 片，光洁无毛。花或单生，或数朵并生，开在枝条顶端，有红、白、绿、黄、紫等颜色。花朵硕大，散发出醉人的清香。花期长，北方户外培植的月季从 4 月到 12 月陆续开花，每次开花也不易凋谢。

重瓣栽培的月季

月季于 17～18 世纪从中国传入欧洲，引起了西方园艺家的重视。经过与西方原有的蔷薇属植物反复杂交，产生了风靡世界的现代月季，品种更为优良和繁多，达万种以上。月季适应能力强，分布在世界各地，受到各国人民的喜爱。中国的许多城市，如北京、天津、大连等，都把月季定为市花。

奇花异草，心头珍宝

月下美人，昙花一现

　　昙花又叫琼花、月下美人。昙花一般在夏季开花，晚间 8 ～ 9 点徐徐绽放，10 点左右完全盛开，之后就会凋谢。因昙花的开花时间仅有几个小时，所以有"昙花一现"的说法。昙花花香四溢、沁人心脾，花形也非常美丽，花朵有碗口大，花瓣重重叠叠，披针形的花瓣非常惹人怜爱。

　　昙花的老家在中美洲的热带沙漠地区，那里非常干旱。当昙花开花时，花瓣绽开，就会散失很多水分，因为根吸收的水分有限，不能长期维持花瓣绽开所需的水分，所以晚上开放数小时是个不错的选择，同时还能避开白天的高温和深夜的低温，这样对它开花最有利。

永不凋谢的玫瑰——山地玫瑰

红艳艳的玫瑰含苞欲放、娇艳欲滴，十分讨人喜欢，但是它很容易凋谢，这让人惋惜。今天，就让大家见识一种永不凋谢的玫瑰——山地玫瑰。

山地玫瑰是玫瑰，却不是花。它肉质，叶互生，呈莲座状排列。每年到了七、八月份，为了躲避强烈的阳光和酷热，山地玫瑰就要开始休眠了，这个时候它外围的叶子便开始老化、枯萎，中心的叶子开始"联合"起来，团团抱住，整个植株看上去就像一朵朵含苞待放的玫瑰花。这让许多喜欢多肉植物的朋友们，对它趋之若鹜。

山地玫瑰也称高山玫瑰、山玫瑰，叶色有灰绿、蓝绿和翠绿等，暴晒后叶子会有红褐色斑纹，有些品种叶面上还稍具白粉和茸毛，叶缘有"睫毛"。山地玫瑰也会开花，花朵是黄色的。

植物界的大熊猫

珙桐是1000万年前新生代第三纪留下的孑遗植物，在第四纪冰川期，大部分地区的珙桐相继灭绝，只在中国南方的一些地区幸存下来，成为了植物界的"活化石"，被誉为"植物界的大熊猫"。

珙桐虽然很珍贵，但是人们对它的喜欢，还是因为它的花特别美丽，极具观赏性。珙桐叶大如桑，花极具特色，由多数雄花与一朵两性花组成顶生的头状花序，宛如一个长着"眼睛"和"嘴巴"的鸽子头，黄绿色的柱头像鸽子的喙。初夏珙桐开花时，远观如一只只紫头白身的鸽子在枝头挥动双翼。不过，那"鸽子"的"双翼"并非花瓣，而是两片白而扩大的苞片；而紫色的"鸽子头"，则是由若干雄花包围一朵雌花构成的头状花序。珙桐树含芳吐艳，犹如千万只白鸽栖息在枝头，振翅欲飞，寓意"和平友好"，带给人视觉上的震撼。

第三节
小植物的大智慧

巧设陷阱的植物

别以为植物不会动，不能跑来跑去，"战斗力"就很弱，千万不要小看它们，它们可是有很多捕捉动物的方法。这些动物或者给它们做"苦力"，帮它们受粉；或者给它们当食物……它们的生存智慧一定让你咋舌。

马兜铃——留下来给我"干活儿"

马兜铃的花长得很特别，形状如同漏斗，花缘部有"开口"，形状略像一个长颈花瓶，瓶口长满茸毛，花中部为管状，管内长满了向内的毛；花基部膨大呈球状，内为一个空腔。空腔的底部有突起物，雌蕊和雄蕊都长在瓶底，雌蕊成熟的时候，瓶内会散发一种腐臭味，能把喜欢吃腐败食物的小虫子，如苍蝇等，吸引过来，小虫子会径直钻到味道最浓的空腔内。但因为花中部管内长满了向内的毛，昆虫进入容易出去难。等它饱餐一顿想要返回时，却发现早已陷进"牢笼"之中，身不由己了。半夜，花药开裂，散出花粉，而小虫子为了逃脱，就在花里乱钻，身上粘了许多花粉。然后，花中部的毛开始变软、萎缩，长度只有之前的1/4，且贴在花中部内壁上，此时昆虫得以逃脱。马兜铃正是靠此方式传播花粉的。

捕蝇草——维纳斯的捕蝇陷阱

捕蝇草属于多年生草本植物，它们的叶片是最主要、看起来最明显的部位，拥有捕食昆虫的功能。外观上明显的刺毛和红色的无柄腺，好似张牙舞爪的血盆大口。因为捕蝇草叶片边缘的有规则的刺毛就像维纳斯的睫毛一般，所以称其为"维纳斯的捕蝇陷阱"。

捕蝇草的叶缘部含有蜜腺，会分泌出蜜汁来引诱昆虫靠近。当昆虫进入叶面时，碰触到属于感应器官的感觉毛，本分为两瓣的叶就会迅速地合起来。生长于叶缘上的刺毛属于多细胞突出物，没有弯曲的功能，所以当叶子快速闭合将昆虫夹住后，刺毛就会紧紧相扣，相互咬合，以防止昆虫脱逃。

瓶子草——进来了就给我留下当美食

在北美洲，有一个靠"玉净瓶"捕食小虫的食虫植物世家。这个家庭的成员有9种，都是矮小的草本植物，捕虫的"瓶子"在草丛中或斜卧或直立，人们就以"瓶"为名，统称它们为"瓶子草"。

瓶子草春季开花的时候特别美丽，从"瓶子"中间伸出长长的花葶，一朵向下低垂如小碗似的红色花朵，开在花葶顶端，羞涩而可爱。

在瓶子草"开口"的地方常分泌香甜的蜜汁，花朵美丽、花蜜香甜，把昆虫纷纷吸引过来。这些昆虫就这样落入了瓶子草设下的陷阱。昆虫一旦掉进瓶内的消化液中，再想从瓶中爬出来就很困难了，它会受到内壁上倒刺毛的阻挡，最终因无力挣扎而重新掉进消化液中被淹死，从而成为瓶子草的"大餐"。

黄花狸藻——待在水中的捕虫能手

黄花狸藻是食虫水草，又称黄花挖耳草、水上一枝黄花、金鱼茜等。黄花狸藻一般生活在池塘的静水中，没有根，随水漂流。这种水草一般有1米长，除花序外，都沉于水中。

黄花狸藻被称为"美丽杀手"，它的叶器上有卵球状捕虫囊，可以捕捉水中微小的虫体或浮游动物。捕虫囊由"小活门"和瓣膜组成，瓣膜有可以自由开闭的后缘，可以被那些想溜进囊来的动物推开，可等动物进来后，瓣膜由于本身的弹性重又关闭起来，动物就不能从陷阱里爬出去了。囊内没有专门分泌消化液的小腺体，因此动物在"监牢"里死掉或腐烂。囊内四齿的和两齿的特别的叶片状突起物，能吞噬各种物质，如硝酸铵和腐烂肉类汁液中的某种物质。除了这些突起物，这些小囊内还有小腺体，能吸收腐水产生的物质。

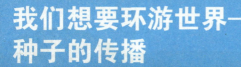

我们想要环游世界——种子的传播

植物虽然不会动，可是它们的种子却能传播到远方，你知道这些聪明的植物，是怎么送自己的下一代去远行的吗？说出来，你就不得不惊叹了！

蒲公英种子

通过动物"偷渡"的鬼针草

鬼针草是一年生草本植物，分布非常广泛，中国大部分地区都有。鬼针草外表十分普通，高 40 ~ 85 厘米，茎直立。鬼针草的果实比较干瘪，呈条形，看起来扁扁的，没有什么特色。但是果实上面有棱角，长 7 ~ 13 毫米，宽约 1 毫米，顶端有 3 ~ 4 枚芒刺，长 1.5 ~ 2.5 毫米，芒刺上还有倒刺。这些倒刺就是鬼针草"偷渡"的工具。当动物或者人经过它身边时，它就利用倒刺，将自己轻轻松松地"挂"在动物的毛发或者人的衣服上。等你发现它，把它摘下来丢弃的时候，它"远行"的目标就实现了。

乘风远行的蒲公英

蒲公英，在江南有个好听的名字，叫华花郎。蒲公英开黄色花，花朵凋谢后，就会留下一朵朵白色的小绒球，这些就是蒲公英的种子，上面的白色小茸毛叫作"冠毛"。

我们看到的蒲公英花实际是头状花序，由很多的小花组成。经过昆虫受粉，里面的种子就可以

慢慢成熟，每一颗成熟的种子上都带着一团茸毛样的东西，很轻，风一吹，种子就像一把把小小的降落伞飘到很远的地方去；风一停，种子便会落下来，遇到合适的条件，就在新的环境中生根发芽，长成一棵新的蒲公英。

不过，你不要以为只有蒲公英有这项技能，很多植物妈妈都会这招，比如昭和草、杨树、柳树、松树、榆树等。

借水波远行的椰子

椰子树是热带海岸常见树种，树干很高。我们常吃的椰子就是椰子树的果实。椰子树通过海洋来传播种子。吃过椰子的人都知道，椰子的果皮分为三层，外层薄而光滑，质地致密，抗水性较好；中层厚而松散，充满空气，这样椰子就能轻松地漂浮于水上；内层是坚硬的果核，核内有一层洁白的椰子肉和香甜的椰子汁，它们为种子的生长发育提供了充足的养料；最里面才是椰子树的种子。每当椰子成熟以后，身体朝向大海一方的椰子便掉进大海里。椰子常常可以在海中漂泊数月，然后在适宜的海岸上安家落户，发芽生根，最后长成椰子树。

力气大了不发愁的喷瓜

喷瓜，是自然界最有力气的果实，原产于欧洲南部。喷瓜的果实呈长圆形，长着硬毛，像个大黄瓜。喷瓜将种子浸泡在黏稠的浆液里，让浆液把瓜皮撑得鼓鼓的。成熟后，浆液变成黏性液体，挤满果实内部，强烈挤压着果皮。稍有风吹草动，瓜柄就会与瓜脱开，瓜上出现一个小孔，之后"砰"的一声破裂，好像一个鼓足了气的皮球被刺破后的情景一样，紧绷绷的瓜皮把液体连同种子从小孔里喷射出去，种子就这样传播出去了。因为喷瓜的这股力气很猛，像放炮一样，所以人们又叫它"铁炮瓜"。可以说，在大自然中，喷瓜这种自食其力传播种子的本领已经达到了登峰造极的水平。

把自己作为水果送上门的樱桃

樱桃色泽鲜艳，晶莹美丽，红如玛瑙，黄如凝脂，外形娇小玲珑，惹人怜爱，吃起来甜中带微酸，果肉滋味纯美，营养特别丰富。每年4月中旬是樱桃成熟的季节，故有"早春第一果"的美誉，号称"百果第一枝"。据说黄莺特别喜好啄食这种果子，因而又被称为"莺桃"。

樱桃就是以色、味来吸引动物吃掉自己的。当小动物把果实吃掉后，果肉很快就消化掉了，但是果核没法儿消化，于是鸟就通过粪便把这些果核传播出去。这样，樱桃传播下一代的目的就达到了。

看看这些植物超凡的智慧

二齿猪笼草——雇用蚂蚁军团来消化

我们已经知道大部分猪笼草会"想办法"捕捉昆虫等小动物，还会用自己的消化液消化掉这些小动物。但是，即使是猪笼草这个群体中也会有走不同路线的"小伙伴"，那就是——二齿猪笼草。二齿猪笼草的消化液中没有消化酶，这就意味着它的消化能力十分弱，捕捉到比较大的猎物却没有办法消化，这该怎么办？于是，二齿猪笼草破例

让弓背蚁住到自己的空心笼蔓中，它负责捕捉昆虫，弓背蚁负责吃掉这些昆虫，然后把自己的排泄物作为二齿猪笼草的营养物质。不过弓背蚁在二齿猪笼草的笼蔓中生活也得小心翼翼的，因为一不小心，它也会被吃掉的。

为了让笼蔓保持清洁，以便捕捉到更多昆虫，弓背蚁还会清理笼口边缘的真菌菌丝和其他污染物。同时，这些弓背蚁还是二齿猪笼草的保护神，让其免受长足象的侵害。

瞧，二齿猪笼草的伙伴多卖力呀，你觉得它们谁更聪明？

墨兰捕虫堇——该出手时就出手

墨兰捕虫堇是一种多年生莲座状的食肉植物，原产于墨西哥与危地马拉。墨兰捕虫堇生长在较贫瘠的地方，为了补充营养，于是它爱上了吃"肉"。在夏季昆虫较多的时候，墨兰捕虫堇长得非常威武，叶片平坦，肉质叶可达 10 厘米长，叶片的颜色也非常鲜亮，还会开出美丽的花朵，这些都是它用以吸引动物前来的法宝。

其实，它最大的法宝并不是这些，而是叶片上的腺毛。腺毛会分泌黏液，呈露珠形的微滴出现在腺毛顶端，使得叶子表面看起来好像布满水滴，这样潮湿的外观可能有助于引诱正在找水喝的猎物，一旦小动物来了，就会被粘在叶面上，而且越挣扎黏液分泌得越多，直到小动物被裹进去。

在夏季，墨兰捕虫堇吃够了"肉"，到了冬天，就会长出"休眠"或者"冬型"簇生叶，直径只有 2～3 厘米，并由 60～100 个小型、肉质、缺腺毛的叶片构成。墨兰捕虫堇就是这样把自己缩小，好少消耗点儿营养，这样就没必要捕虫了，吃点儿"素"就行了。

红树——温柔的好母亲

今天我们要介绍一位植物界的好母亲，它就是红树。红树大部分生长在东半球的热带和亚热带地区，为常绿灌木和小乔木。有的红树生长在山区，而大多数集中在海边。

生长在海滩上的红树，要禁受大风大浪、盐碱的侵蚀，它们不得不长出许多支柱根和气根。这些支柱根插入海中，努力地支撑自己；而气根则从土中伸到地面上，努力地吸收氧气、水。在这样艰苦的条件下，它们成了海边坚定的防卫兵。

因为这可怕的环境，它们还练就了一项新本领——"胎生"。在海边，它们的种子一旦落地，就会被海水冲到海里。要

真是这样，就没有办法繁殖了。所以为了繁衍生息，红树在春、秋两季开花结果后，果实并不落地发芽，而是在母树上继续吸收大树的营养，长出根叶，萌发成幼苗。"胎儿"成熟后，带着小枝叶的种子就会脱离大树，一个个往下"跳"，散落到海滩，随着海水到处漂流，遇到合适的地方，再安家扎根，像其他植物一样正常生长。由于红树的这种繁殖方式很特殊，好像哺乳动物怀孕生小孩儿一样，所以人们又把红树称为会"生小孩儿"的树。

第六章

微生物，大世界

微生物？这是什么东西？你可能还不太了解，不过没关系，接下来你一定会大开眼界。因为微生物的世界比你想象的更加精彩。

第一节
无处不在的微生物

大体上形体微小的生物都属于微生物，一般大小都在 10~100 微米（1
微米就 $1/10^6$ 米）。你看不到它们，并不代表它们数量稀少，相反，
如果只是以数量来论地位的话，微生物绝对是世界的主宰。

微生物家庭的集体亮相

无处不在的微生物

人体中大约生存着 200 种微生物，其中约 80 种
生活在人的口腔里。我们的身体就像一座微生物工厂，
每天都会生产出 1000 亿～100 万亿个细菌，在每平方
厘米肠子的表面就生活着约 100 亿个微生物，而在每
平方厘米皮肤的表面生活着 1000 万个细菌，在人的牙
齿、咽喉和消化道里细菌的数量最多，数量超过皮肤表
面的 1000 倍。当你吃东西的时候，微生物就欢快地进入你的嘴巴了。

乳酸杆菌

微生物的分类

现在我们就来认识一下它们吧！

1990 年，科学家开始根据生物的基因区分生命体。最终地球上所有的生命体被
分为了三大领域。也许在你看来，这有点儿少。但是这种分类，确实是已知的较为明

智的分法。这三大领域就是真细菌域、古细菌域和真核生物域。

细菌域包括细菌、放线菌、蓝细菌和各种除古菌以外的其他原核生物，我们平常所见到的细菌基本属于真细菌域，如大肠杆菌、乳酸菌等。

古细菌被认为是一些可生活于极严酷环境中的细菌，如在温泉水中，酸、碱性极高的水中，或是矿井中，在海水中古细菌亦分布甚广。

古细菌域和真细菌域的生物，基本都没有细胞核，和它们正好相反的就是真核生物域的生物，它们是有细胞核的生命体。动物、植物等都是真核生物。但真核生物域也包含一部分微生物，如原生生物和真菌。

有些同学要举手了。病毒算是微生物吗？它也很小呢。病毒这玩意儿还真不好说。它的确很小，有时候看起来也不太像生物，所以科学家有时候会为它到底应该不应该成为微生物这一家族的成员而头疼。不管怎样，现在还没有盖棺定论，我们暂且只能把它算作微生物。我们必须要清醒地认识这个危险分子，好在日后更好地防备它。

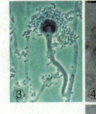

① 毒蝇伞，担子菌门

② 肉杯菌，子囊菌门

③ 一种曲霉属的分生孢子

④ 一种壶菌

⑤ 黑面包霉，接合菌门

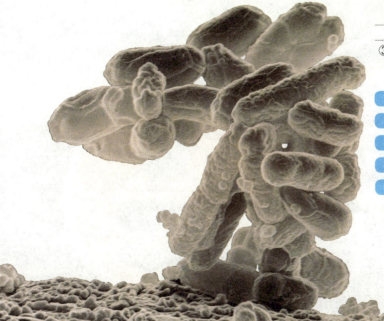

细菌的家族不简单

瞧，细菌就在那儿

细菌是非常古老的生物，大约出现于 37 亿年前。细菌是所有生物中数量最多的一类。

细菌无处不在，它们存在于人类呼吸的空气中、喝的水中、吃的食物中。细菌可以被气流从一个地方带到另一个地方。人体是大量细菌的栖息地，皮肤表面、肠道、口腔、鼻子和其他身体部位都能找到细菌。一个喷嚏中可能就含有 2000 ~ 4000 万个细菌。

细菌的个头儿非常小，目前已知的最小的细菌只有 0.2 微米长。细菌的长相各不一样。杆菌是棒状，球菌是球形，螺旋菌是螺旋形，弧菌是逗号形……不过大多数细菌是前三种形态。

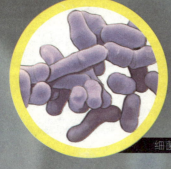
细菌分裂

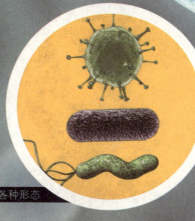
细菌的各种形态

细菌的运动

就像鱼能在大海中游一样，细菌也能在我们体内遨游。这听起来让人毛骨悚然，但是许多细菌的确是会运动的。运动型细菌可以依靠鞭毛滑行或改变浮力来四处移动。细菌的鞭毛以不同方式排布着，细菌一端可以有单独的极鞭毛，或者一丛鞭毛。运动型的细菌，经常会呼朋唤友，聚集在一起，当然前提是要有足够的诱惑，比如说它们喜欢光，就会聚集在有光的地方，喜欢磁就会聚集到磁力强的地方。尤其是黏细菌，它们会互相吸引，聚集成团，并且还能形成子实体。这些是不是很有意思？

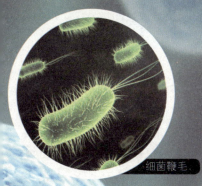

细菌鞭毛

大肠杆菌

细菌家族繁殖的方式

细菌最主要的繁殖方式是以二分裂法进行无性繁殖，由单个细菌慢慢转变为一大群。细菌的细胞壁首先横向进行分裂，形成两个细胞，在分裂的同时，也会让基因得到遗传。这样就能够很快地复制出一个新的细菌，然后新的细菌又继续分裂，在温度、湿度、空气、营养等适宜的环境中，细菌会快速地繁殖，甚至形成肉眼可见的集合体。

细菌的繁殖可比人类快多了。要是人类也是这样繁殖……你可千万不要这样想，那太可怕了，如果人类这样繁殖，我们的地球妈妈早就装不下我们了。

微生物界的老爷爷——古细菌

很老很老的古细菌

奇形怪状的古细菌是一群可爱的微生物。单个古菌细胞直径在 0.1 ～ 15 微米之间，有些喜欢抱团的古细菌会形成细胞团簇或者纤维，长度可达 200 微米。它们有各种形状，球形、杆形、螺旋形、叶状或方形。方形的古细菌是不是很可爱呢？你要知道，除了它们，细菌中可是绝对没有方形的哟！

古细菌又称古生菌或太古生物、古核生物。听这一连串的称呼，你就知道它一定是十分古老的生物群，是生物界的老爷爷了。确实，古细菌是地球原始大气缺氧时代生存下来的活化石。它们在这个世界上生存很久很久了。

"老爷爷"的大本营

古细菌大多生活在环境十分恶劣的地方。很多你认为绝对不会产生生命的地方，却是古细菌的乐土。随着科学技术的进步，被发现的古细菌的种类越来越多，不仅在恶劣的地方，在海洋和土壤里同样能寻找到它们的痕迹。

古细菌还和宿主共生。比如说产甲烷菌，它生活在人和反刍动物的肠道中，它会帮助消化，产甲烷菌还被用于沼气生产和污水处理。嗜极生物古菌中的酶能承受高温和有机溶剂，常被生物技术利用。

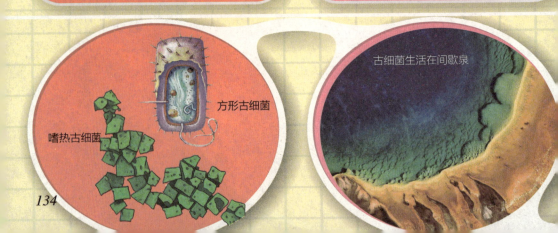

嗜热古细菌

方形古细菌

古细菌生活在间歇泉

"老爷爷"本领大

带你去见识一下这位"老爷爷"的厉害！它能在温度超过100℃的水里，比如间歇泉中自由自在地游泳，还能在喷发的海底火山口怡然自乐，甚至在南北极酷寒之地依然能见到它的身影。它无惧高盐、强酸或强碱性的水，经常会在沼泽、废水和土壤中被发现。尤其是在海洋中，古细菌特别多，一些浮游生物中的古细菌可能是这个星球上数量最多的生物群体。

不要担心它们伤害你

古细菌的生命力太可怕了，要是遇到这些"可怕"的古细菌，我们该怎么消灭它们？这个问题好极了，因为你的老师曾经告诉过你当温度超过100℃，能杀死绝大部分细菌，高温消毒是灭菌的好方法。那么这个好方法对古细菌岂不是一点儿作用都没有？

是，高温对嗜热古细菌确实没用，不过古细菌可不是"坏"家伙，它们通常对其他生物无害，目前还未发现有致病的古细菌。

古细菌生活在火山口

嗜热古细菌结构图

病毒，请报上你的名号

蒙着面纱的病毒

病毒是什么东西？现在科学家也没有办法告诉你一个准确的答案。虽然它被我们放在微生物这一大家族里，但是严格意义上来讲，它应该被"踢"出这个家族。因为，病毒并不是真正的生命体。之所以这样判定，是因为病毒不是通过维持生命所必须的蛋白质来存活的，它必须依附其他物质来延续自己的生命，否则它就无法生存。然而，它也具有生命的其他特点——具有基因、能繁殖！

病毒的起源目前尚不清楚，它什么时候有，为什么会有，科学家尚未有定论。不同的病毒可能起源于不同的机制：部分病毒可能起源于质粒，而其他一些则可能起源于细菌。总而言之，关于病毒的一切信息，现在似乎都还蒙着一层面纱，还有很多人类无法解开的谜团。

形态各异的病毒

病毒的形态并不一样，有简单的螺旋形，也有正二十面体形，还有复合形，虽然这些奇怪的形状或许会引起你的注意，但是相信我，你是一定不会愿意和病毒友好交谈的。首先，它的个头儿太小，你的眼睛压根儿就看不见它，病毒颗粒大约是细菌大小的1/100，普通的光学显微镜根本观察不到它，这也是它很晚才被人类发现的原因之一。其次，病毒可不是什么好东西。它总是依附于细胞，并通过细胞的分裂而进行繁衍，大部分对人类杀伤性较强的疾病，都有病毒的"贡献"，比如说伤风、流感、水痘等一般性疾病，以及天花、艾滋病、SARS和禽流感等严重疾病。

病毒真可怕

　　虽然病毒个头儿很小，但是你不要小瞧了它！它的破坏能力一定会让你叹为观止：病毒可以感染所有具有细胞的生命体。这句话的意思是病毒能在世界上所有的人之间传播，病毒能在世界上所有的动物身上传播，病毒能在一切拥有生命的物质之间传播……

　　病毒的"本领"是不是让你害怕不已，但是病毒还是有点儿"职业道德"的——不同病毒作用于不同的机体，患病的不同主要取决于病毒的种类。因为自身没办法单独存活，所以病毒必须寄宿在细胞内，它主要的破坏作用是导致细胞裂解，从而引起细胞死亡。不过，你也不需要整日提心吊胆，有些病毒即使潜伏在你的体内，也不一定会对你的身体有害。

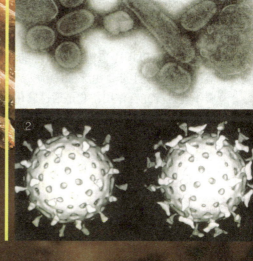

① 西班牙流感病毒

② 两个轮状病毒

人类的老朋友
——真菌

真菌是个老熟人

真菌? 这个名字真陌生, 它怎么会是我们的老熟人呢?

千万不要怀疑, 真菌就是我们的好朋友。你经常看见它的身影, 你也经常会吃掉它。吃掉真菌? 那我们会不会生病? 放心吧, 你吃掉的真菌可是对你的身体有好处呢, 比如说蘑菇。

你一定又要开始纳闷儿了! 蘑菇, 可爱的蘑菇? 它那么大, 怎么是微生物? 怎么是真菌? 千真万确, 蘑菇就是真菌的一种, 虽然它的个头儿有点儿大。还有你常吃的银耳、金针菇等也是真菌。

真菌的本色

真菌是真核生物的一种, 真核生物是具有细胞核的单细胞生物和多细胞生物的总称。真菌包含酵母、霉菌及最为人熟知的菇类等。真菌自成一界, 与植物、动物和细菌相区别。真菌和其他 3 种生物最大的不同之处在于, 真菌的细胞有以甲壳素为主要成分的细胞壁, 而植物的细胞壁主要是由纤维素组成。

蓬松的面包离不开真菌的发酵作用

真菌不能进行光合作用, 它是通过腐化并吸收周围物质来获取食物的。大多数真菌是由被称为菌丝的微型构造构成的, 这些菌丝或许不被视为细胞, 却有着真核生物的细胞核, 成熟的个体(如最为人熟悉的蕈)是它们的生殖器官。

真菌的"好"

在各种微生物中, 真菌是和人类接触很密切的一种。真菌遍及全世界, 虽然其大部分都很低调, 个头儿较小(部分菇类及霉菌可能会在结成孢子时变得较显眼), 而且还会覆以保护色生活在土壤内、腐质上，或者与植物、动物及其他真菌共生。真菌被用在食物中，不仅可以作为原材料被端上餐桌，也能够发酵各种食品（如葡萄酒、啤酒及面包）。

真菌能很好地分解有机物，能加快养分的循环。因为真菌的这个功能，它又开始从人类的餐桌走向了工业。真菌能被制作成各种酵素，酵素是维持机体正常功能、消化食物、修复组织等生命活动的一种必需物质。真菌还能被当作生物农药，用来抑制杂草、植物疾病及害虫。20世纪40年代后，真菌亦被用来制造抗生素。

真菌的"坏"

看了前面的内容，你千万不要被迷惑了，真菌可不像古细菌那么无害。真菌可以分解人造的物质，并使人类及其他动物致病，它是一些皮肤病的病原菌，如脚气病等。它也会让植物生病，如稻瘟病菌，可以引起苗瘟、节瘟和粒瘟等。

真菌中的许多物种会产生有生物活性的物质，称为霉菌毒素（如生物碱和聚酮），会对包括人类在内的动物造成伤害。一些物种的孢子含有精神药物的成分，被用在娱乐及古代的宗教仪式上。

① 褐环乳牛肝菌的子实层伴有亮黄色的气孔
② 灵芝也是真菌

你知道吗
——世界上最大的"蘑菇"

在美国俄勒冈州，蘑菇的一个"近亲"的体积超乎想象：占地890公顷，相当于1000个标准足球场！这个学名为奥氏蜜环菌（Armillaria ostoyae）的巨型真菌是在1998年被发现的，科学家猜测，它的实际年龄可能有8650岁，它是地球上年龄最大的生物之一。

菇类是常见的真菌

第二节
微生物代言人

人类的品牌代言已经影响到了微生物界，许多微生物纷纷起来发言，它们都觉得自己才是微生物界的代言人，下面它们要出场了！

细菌域的明星们

观测大肠杆菌

身体的常住客——大肠杆菌

你们也许对大肠杆菌不熟悉，但是大肠杆菌对你们很熟悉，在婴儿刚出生的几小时内，大肠杆菌就通过吞咽在肠道内定居了。它因为寄住在大肠内而得名，因为数量众多（其占据了肠道菌的 1%）而称霸肠道。大肠杆菌两头钝圆，结构非常简单，长相虽然不起眼儿，但是对人类的作用却不容忽视，它能合成维生素 B 和维生素 K，这是人类生命发展所必需的微量元素。

正常情况下，大多数大肠杆菌是非常安分守己的，它们不但不会给我们的身体健康带来任何危害，还能抵御部分致病菌的进攻。但是，如果你的身体免疫力降低，肠道长期缺乏刺激，这些小家伙就会不老实，它们会悄悄地移动到肠道以外的地方，如胆囊、尿道、膀胱、阑尾等地，造成相应部位的感染或全身播散性感染，给人类的身体造成非常大的危害。

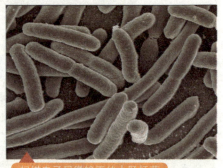

扫描电子显微镜下的大肠杆菌

最大的细菌——纳米比亚硫磺珍珠菌

德国的生物学家舒尔斯在纳米比亚海岸的沉积物中看到了一种因为含硫而会发光的细菌，并给它取名为"纳米比亚硫磺珍珠"。当然，如果你们细心的话，一定会指出我的错误——不能说"看到"，应该是用显微镜观察到。但是，不好意思，这次我可没有说错。舒尔斯确确实实是看到了这种细菌，用自己的双眼。它们是目前已知的世界上最大的细菌。这种细菌

纳米比亚硫磺珍珠菌

呈球形，宽度普遍有 0.1 ~ 0.3 毫米，有些可大至 0.75 毫米，比以前所知的最大细菌大 100 倍。科学家们称：如果把它们和普通的细菌相比，就好像把蓝鲸和新生老鼠的个头儿相比较一样。

可爱可恨的蓝细菌

"蓝细菌"这个名词听起来似乎很陌生，实际上它还有另外的名字——蓝藻或蓝绿藻，这些名字你一定很熟悉。人类对蓝细菌的感情很特殊，既爱又恨。

人类爱蓝细菌，这是因为它特殊的本领——通过光合作用获得生命的能量。蓝细菌已经存在于地球上 35 亿年了，它是一切生命的功臣，因为它是目前人类发现的最早的通过光合作用释放氧气的生物。在地球表面从无氧的大气环境变为有氧的大气环境这一重大改变中，蓝细菌无疑起了巨大的作用。

显微镜下的蓝藻

人们恨蓝细菌，是因为它常常给人类带来困扰。当水被污染后，里面氮磷等营

蓝细菌产生的水华现象

养物质增多，蓝细菌或其他藻类就会大量爆发，当它们数量过多后，水里的营养成分会很快被吸收掉。接着这些细菌又会大量死亡，当死亡的藻类被分解时，会上升至水面而形成一层绿（蓝）色的黏质物。这种现象我们叫"水华"。"水华"会让饮用水受到污染，对人体危害非常大。

不甘示弱的真菌

▊ 微生物中的大个头儿——蕈菌

在一般情况下，大家又称蕈菌为蘑菇。虽然可爱的蘑菇们在很长一段时间内，被人们误认为是植物，但是从生物构造上来讲，它们可远没有植物那么高级。它们是真菌形成的形状、大小和颜色各异的大型肉质子实体。

现在，我们来简单地介绍一朵蘑菇：首先，你看到的是上面的盖子——这就是常说的菌盖。菌盖的形状各不相同，常见的有半球形、扇形、钟形、圆锥形、漏斗形等。菌盖表面有的光滑，有的有皱纹、条纹或龟裂，有的干燥，有的湿润或黏滑。菌盖由表皮和菌肉组成。表皮依次可分为外皮层、盖皮及下皮层。菌肉大多数为白色，由生殖菌丝和联结菌丝组成。菌盖下方的片状结构呈放射状排列，是产生孢子的场所。然后是下面的菌柄，它们能支撑住菌盖并为其输送养分。菌柄大多生于菌盖上，也有偏生或侧生的。

我们常吃的蕈菌有双孢蘑菇、木耳、银耳、香菇、平菇、草菇、金针菇和竹荪、杏鲍菇、珍香红菇、柳松菇、茶树菇、阿魏菇和真姬菇等。人们常说的救命良药——灵芝，也是一种蕈菌。

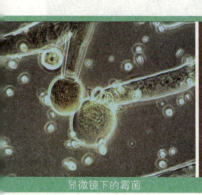

显微镜下的霉菌

一个马尔尼菲青霉菌菌落的表面

霉菌引发油桃发霉

真可惜我们有个不好听的名字——霉菌

也许是因为名字中带了个"霉"，所以霉菌就真的有点儿倒霉了。因为只要听到这个名字，人们就会有很不好的联想——黄黄的、黑黑的、会发出异味的脏东西！确实，如果你家里的饭菜发霉了，那就是霉菌在作怪。不过，霉菌给人类带来的益处也不少。

人类最早发现的抗生素——盘尼西林，是由青霉菌制造的。它就是利用青霉菌在繁殖时会大量杀死身边细菌的原理制作成的。盘尼西林的发现，改变了人类和传染病殊死搏斗的历史，你永远也无法想象出青霉菌救助了多少生命。

一些霉菌也用于食物的生产，例如：蓝起司是起司发酵后加入青霉菌制成的；酱油、豆瓣、豆豉和味噌等需要米曲菌发酵；红糟、豆腐乳和红露酒等则是由红曲菌发酵制造的；发酵臭豆腐的臭卤水也含有多种霉菌。

阿莫西林是一种青霉素，是从青霉菌中提炼出来的

好了，现在可以抛弃你们的偏见，来正式认识一下霉菌了。霉菌是能生出发达菌丝且不产生大型肉质子实体的丝状真菌的统称。一旦霉菌在食物等物品上面生根发芽后，部分菌丝就会深入其中吸收养料，部分向空中伸展出菌丝，菌丝快速发展，然后产生孢子。大量菌丝交织成绒毛状、絮状或网状等，呈现出白色、褐色和灰色等。

霉菌在我们的生活中无处不在，它比较青睐于温暖潮湿的环境，一有合适的条件霉菌就会大量繁殖。霉菌无孔不入，所以如果你不想在你的衣服、吃的东西、玩具上看到霉菌，就一定要讲究卫生，并保持物体的干燥。

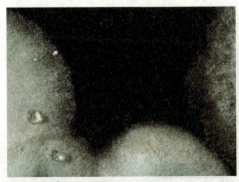

霉菌是生活中最常见到的真菌之一

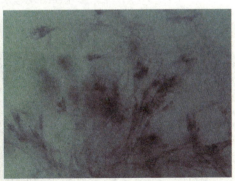

青霉菌

人类的好帮手——酵母菌

我们几乎每天都会和酵母菌打交道，不可否认，在我们的生活中，它们简直无处不在。早晨，你吃块面包、蛋糕或者来几片饼干，许多酵母菌就进入了你的肚子。不要惊慌，它们不会对你有任何伤害。早在4000年前，古埃及人已经开始利用酵母酿酒与制作面包了，中国人3500年前就开始利用酵母酿造米酒了，而酵母被用于馒头、饼等的制作开始于汉朝时期。

酵母菌大多生活在潮湿且富含糖分的物体表层，例如果皮表层、土壤、植物表面和植物分泌物（如仙人掌的汁）中。此外，有研究发现，酵母菌还能寄生于人类身体上与一些昆虫的肠道内。

我们都知道，在酿造葡萄酒的时候，有一个非常重要的环节，那就是破皮。这样寄居在葡萄皮上面的酵母菌就能充分地和果肉、果汁融合，让葡萄更好地发酵。

做面包？酿酒？你肯定会疑惑酵母菌的本领怎么这么大，让我来告诉你答案吧！酵母菌会分解水果或者谷物中的营养成分，同时生成乙醇。乙醇就是酒的主要成分。在这个过程中，还会产生大量的二氧化碳。用酵母菌酿酒的时候，留下的大部分是乙醇，而制作面包的时候恰恰相反，乙醇挥发掉了，二氧化碳会让面团发起来。这时候，我们就会看到小小的面团变大了，面包里面细细密密的小孔正是因为二氧化碳遇热膨胀而产生的。

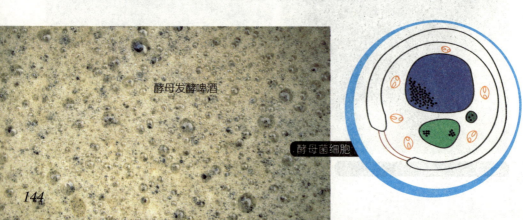

酵母发酵啤酒

酵母菌细胞

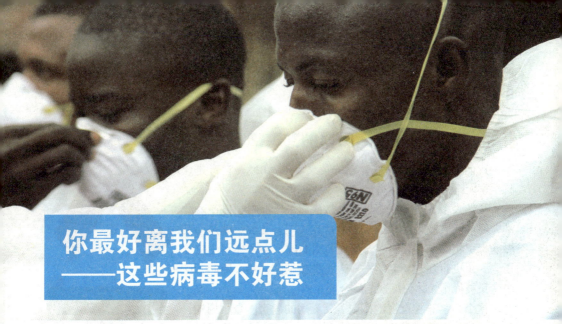

你最好离我们远点儿
——这些病毒不好惹

▌最熟悉的病毒——流感病毒

虽然病毒都是小个子，但是这一群小个子让人类、动植物在面对它们时都手足无措，它们是真真正正的凶神恶煞。瞧，一个普通的流感病毒就在世界上兴风作浪了这么多年，而且还会继续"作恶"下去。

曾于1918年大面积爆发的流感，造成了人类的大恐慌，流感病毒主要侵袭青年，而且致死率非常高——你肯定想象不出来有多少人死于流感病毒手中。1918～1919年，全世界有将近1亿人因患流感而亡。现在，我们依然经常受到流感病菌的迫害，尤其是在冬天。

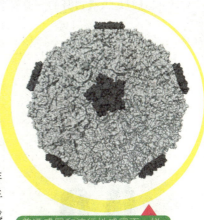

普通感冒和流行性感冒不一样，一般是由鼻病毒引起的

A型流感病毒 H1N1（甲型）

现在，请你认真记住流感病毒的死穴，这样你就不用再害怕它了。流感病毒的传染性非常强，它会通过飞沫传染。但是它的抵抗力比较弱，通常五六十度的高温就能让它很快死亡，在正常的室温下，其传染性也会很快丧失。然而，它比较耐冷，在0℃～4℃的寒冷环境中能存活数周，甚至在－70℃以下的环

境里或冻干后依然能长期存活。所以，冬天来了，流感病毒往往非常活跃，这个时候，你可得好好注意哟！

▌谈虎色变——让人恐惧的艾滋病毒

我们都听说过艾滋病，它的英文名叫 AIDS，它真是让科学家无比头疼的一种病。

虽然大多数科学家都认为艾滋病起源于撒哈拉以南的非洲，但最初它被人类"揪"出来是在美国。艾滋病就是由艾滋病毒引起的。艾滋病毒，英文名叫 HIV，1986 年科学家给了它一个更直观的新名字——人类免疫缺陷病毒，因此，艾滋病又被称作人体免疫缺陷综合征。

这个名字非常直观地体现了艾滋病的危害。众所周知，免疫系统是人类自身的一道安全防线，而艾滋病毒能通过各

红丝带是国际上用来表示对抗艾滋病的标志

种手段损坏人体的免疫系统细胞。人类每天都在和各种疾病、病毒作斗争，而人体的免疫系统是我们最坚实的盔甲，是我们赢得人体保卫战的最大功臣。艾滋病毒会悄无声息地进入盔甲的内部，侵蚀这副盔甲，让它生锈、损坏。这样，当我们面对各种疾病时，就像赤裸裸地站立于刀枪剑戟中，会很容易就受到伤害。免疫系统一旦受损，各种疾病就一拥而上，人体就会出现各种临床症状，这也是艾滋病被称为人体免疫缺陷综合征的原因之一。

几种常用治疗艾滋病的药物

虽然艾滋病毒对免疫系统的侵蚀不是一两天就能完成的，但是由于它藏匿于宿主的细胞内，科学家往往投鼠忌器，无法在不损伤细胞的状态下消灭它，所以至今也没有有效的方法治疗艾滋病。

艾滋病毒传染的途径比较多，主要通过体液如血液、尿液、唾液等进行传播。

① ②

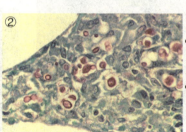

① 艾滋病并发症卡波西氏肉瘤的皮肤表征

② 艾滋病毒感染肺部

正在肆虐的"刽子手"——埃博拉病毒

埃博拉病毒得名于非洲刚果民主共和国埃博拉河，2014 年 2 月，埃博拉病毒再次在非洲大地肆虐，由于极高的死亡率，它几乎成为了死神手中的镰刀。

科学家想尽一切办法在和埃博拉病毒斗争，但目前显示的数据并不乐观——截至 2014 年底累计发现埃博拉病毒确诊、疑似和可能感染病例接近 2 万例，死亡接近 7000 人。这是多么恐怖的数据呀！

埃博拉病毒这个"恶魔"传播的途径非常多，只要接触到患者的体液，就很容易被感染。而一旦被它缠上了，就会出现发热、肌肉疼痛、腹泻和呕吐等症状，肝肾功能也会大大受损，它还会引起内外出血。出血对人类的威胁非常大，尤其是外出血，全身的孔洞都会流血，即使是不小心扎的一个小伤口也都会流出血来。这个时候，体内的器官已经全部处于坏死糜烂的状态，血液奔涌而出……多么痛苦哇！看到这里，也许你就会理解为什么埃博拉被列为安全生物第四级病毒，同时也被视为生物恐怖主义的工具之一了。

也许埃博拉病毒这个名字对你来说是个新鲜的名词，但是它在 1976 年就已经被发现了。它刚一出现就侵袭了埃博拉河沿岸的 55 个村庄，致使当地人们家破人亡、痛苦不堪。1979 年，它又侵袭了苏丹，在那次屠杀后，它似乎和人类开起了玩笑，消失匿迹了 15 年，直到 1994 年，它又再次出现在加蓬……它似乎每隔一段时间就会出现在人类或者动物中间，用杀死无数生命的方式让人类重视它的存在。科学在发展，世界各国投入了更大的人力、物力在研究此病毒，相信有一天，我们也能像消灭天花病毒一样，宣布埃博拉病毒的死亡！

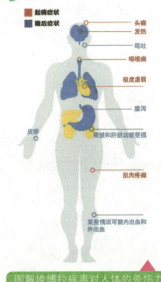

图解埃博拉病毒对人体的杀伤力

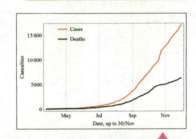

2014 年埃博拉出血症的受感染及死亡人数，随着时间的推移而不断上升

电子显微镜下的埃博拉病毒

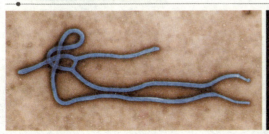

埃博拉病毒详解

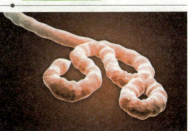